김수현
특집극 1

어디로 가나

혼수 婚需

김수현 극본

다차원북스

{ **편집자 일러두기** }

작품에 쓰인 주요 기호는 다음과 같습니다.

S#   씬넘버
                S# : S = Scene의 약자.
                # = Number를 의미하는 기호.

E   Effect의 약자
                효과음, 내레이션, 마음속으로 하는 대사, 인물이 화면에 나오지 않고 화면 밖에서
                들려오는 대사 등을 나타낼 때 두루 쓰임.

F   Filter의 약자
                전화 목소리, 터널 안의 울리는 소리 등 목소리에 특별한 효과음을 입힐 필요가 있
                을 때.

F.O   Fade out의 약자
                화면이 어두워져 완전히 꺼지는 상태. 장면의 전환 또는 시간을 건너뛸 때 주로 쓰임.

/   ① 대사 속의 /
                말투, 억양을 바꿀 때, 텀(term) 또는 호흡을 지시할 때 쓰임.
                ② 지문 속의 /
                연출할 화면을 나열하거나 순서대로 지시하는 부호.

@   행동을 지시하는 지문
                설정, 행동, 환경, 동선 등을 지시하는 부호.
                원문의 @ 표시를 이 책에서는 별색으로 표기해서 구분함.

O.L   Overlap의 약자
                '겹치다, 포개다'라는 뜻으로 한 장면과 또 다른 장면, 앞 대사와 다음 인물의 대사
                가 겹쳐지도록 연출해야 할 때.

Insert 인서트
                일련의 화면이나 화면에 글자나 필름을 삽입하는 것을 뜻함.

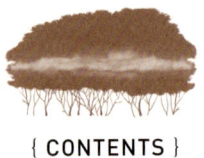

{ CONTENTS }

어디로 가나

제20회 한국방송대상 수상

1992년 11월 13일 sbs 방영 (곽영범 연출)

효와 부정(父情)의 참다운 의미를 조명해봄으로써 각박해져가는 현대 우리 사회에서 효의 현주소를 짚어보는 드라마이다. 일찍 아내를 사별한 아버지가 혼자 몸으로 자식들을 키워낸다. 그러던 중에 경제적 여건도 아버지와의 관계도 가장 안 좋은 막내에게 아버지의 병수발 책임이 맡겨진다. 병든 시아버지와 며느리의 갈등과 해결은 효와 불효의 문제를 뛰어넘어 인간적인 정의 문제를 생각하게 한다. 아울러 노후의 부모들이 바라보는 자식들의 모습이 어떠해야 하는지를 제시, 오늘을 바삐 살아가는 젊은 세대들에게 반성의 기회를 제공한다.

출연 : 원미경, 남일우, 남성훈, 김자옥, 오미희 외 **출처 :** http://www.kshdrama.com

{ 등장인물 }

이윤하   42세. 장남. 성형외과 의사
수 진   40세. 윤하의 처
이준하   38세. 차남
인 애   36세. 준하의 처
이영하   35세. 막내아들. 태권도장 운영
미 숙   33세. 영하의 처
이은비   33세. 막내딸
병 규   34세. 은비의 남편
이교장   68세. 아버지. 고등학교 교장
미숙모
현 식   15세. 윤하의 아들
윤 식   12세. 준하의 아들
의 식   8세. 영하의 아들
            외 다수.

제1부

S# 1 지하철 출입구가 있는 시내 어느 큰길 / 현재, 출근 시간 무렵

완전히 빼곡하게 들어차고 얼크러져 움직일 줄 모르는 차량들.
부감으로. 이하 커트. 커트 처리로.

S# 2 지하철 출입구

토해져 나오는 사람 사람들.

S# 3 인도

출근 시간을 다투며 뛰듯이 부지런히 밀려가고 밀려오는 사람들.

S# 4 꽉 막힌 길

길 한가운데서 가벼운 접촉사고로 멱살잡이하고 있는 신사복
입은 출근길의 남자들. 그 옆을 미꾸라지처럼 빠져나가다가 싸
우는 남자에게 걸려서 택시로 쓰러지는 자전거 탄 소년. 싸움
구경하다가 눈을 부라리며 택시에서 내린 운전기사, 다짜고짜
소년에게 덤벼들고.

신경질적인 클랙슨. 각종 차들이 내는 소음. 거기에 가득한 삶,
삶, 삶.

S# 5 그 가운데 묻혀 있는 한 대의 영구차와 일행인 몇 대의 자
가용

카메라 영구차로 다가가면 차창으로 보이는 노인 조객들과 유
족들의 머리들. 영구버스 앞의 손자손녀들이 탄 자가용.

S# 6 자가용 안

운전석 옆자리에 앉은 윤하의 아들 현식(중2)에게 안겨 있는
이교장의 영정(훨씬 젊은 시절의 단정하고 깨끗한 모습).
뒷좌석의 준하 아들 윤식(초등5), 영하 아들 의식(초등1).

의식　　(손톱 물어뜯으며 뿌우한 얼굴로 윤식 보고 있고)

윤식　　(만화책 보면서) 짜자자자자앙! …… 오냐, 너 이놈 잘 만났다.
　　　　(어쩌고 하면서 보고 있는 만화의 대사를 소리 내어 읽으며 키
　　　　득거린다. 너무 정식으로 큰 소리 내지는 말고 반은 혼잣소리
　　　　처럼)

의식   (상체 들어서 뒷유리로 영구버스 돌아본다)

S# 7 영구차 안

버스 뒤편에 모아져 있는 조화들과 한편 좌석에 묵묵히, 거의
무표정하게 앉아 있는 이교장의 친구들을 한꺼번에 한 화면으
로 처리. 다른 한편 좌석의 유족들 역시 말없이.

앞에서 둘째 줄, 장남 윤하와 차남 준하. 윤하 고개 약간 아래
로, 시선은 45도 각도 아래로. 준하 팔짱 끼고 고개 뒤로 젖히
고 눈 따악 감고……

그 뒷줄, 이교장의 딸 은비(만삭), 차창에 옆머리 기대고 멍하
니 눈뜨고 있고, 옆자리의 남편 병규는 성냥알로 귀 후벼대고
있다.

그 뒷줄, 맏며느리 수진과 둘째며느리 인애 나란히 앉아 인애,
수진의 새 팔목시계 구경하고 있다.

인애   (수진 보며 입모습으로만 얼마 줬느냐고 질문한다)

수진   (얼굴로 나무라는 시늉 하면서 시계 빼내어 도로 팔목에 찬다)

그 뒷자리의 막내아들 영하, 수첩에 뭔가 적어놓고 있다. 옆자
리에 적당히 꺼내져 있는 천 원짜리도 섞인 만 원짜리 지폐들.
그 뒷자리의 막내며느리 미숙.

미숙   (퉁퉁 부은 얼굴, 소리 없이 줄줄줄 흘러넘치는 눈물이 뺨과 턱
아래로 계속 낙숫물 떨어지듯이 떨어져 상복 저고리 앞섶이 푹
젖어 있다) …… (자신도 모르게 흐으윽 흐느낌 가늘게 들이마
셔지는데)

준하   (E) (미숙 위에 O.L. 투덜거리며) 어어어 이거 뭐가 어떻게 된 거야. (미움에 찬 시선 그쪽으로 반짝 ―퉁퉁 부은 눈이기는 하지만― 들려진다) 이러다 여기서 해 넘어가는 거 아냐 이거?

준하   (벌써 좌석에서 빠져나와 출구로 움직이면서) 대체 뭣 땜에 이러구 있는 거야 응?

인애   (고개 빼고) 막혀서 그런 거지, 저이는 뭐가 뭣 땜에요.

준하   글쎄 뭣 땜에 막혔는지 좀 알아보자구. 땅이 꺼졌는지 육교가 내려앉았는지 (하다가) 제가 잠깐 나가 알아보구 오겠습니다. (노인들에게 예의 차려서)

노인1   (O.L. 못마땅하나 점잖게) 그냥 앉아 있게.

준하   …… (아주 잠깐 멈칫했다가 뭔가 말하려는데)

윤하   (O.L) 앉어. (안 보는 채 조용히)

준하   (형 한 번 보고 별수 없이 도로 자리로 움직이려는 순간)
       기다림에 벌써 신경이 곤두선 영구차 기사의 급출발.

준하   (거의 고꾸라질 듯하며 아내 좌석 옆구리 팔걸이 잡고 운전기사에게) 아니 여보세요! (하는 순간)
       버스 다시 급정거.

준하   (나동그라진다) 아아아!

인애   (놀라 발끈. 남편 잡으며) 무슨 운전을 그렇게 해요, 아저씻! (하는데)

노인2   (E) 에에에 쯧…
       인애, 돌아본다.

노인2	(운전기사 비위 건드리지 말라는 투로 고개 설레설레 흔들며 눈 꿈쩍거린다)
인애	아니 아무리 그렇지만,
준하	(O.L. 아내 잡고) 앉아 앉아. (기사에게) 아저씨 잘 좀 부탁합니다아. (해놓고) 앉아 앉아.

운전기사는 못 들은 척.

인애	(앉혀지며) 괜찮아요? 다친 데 없어요? (버스가 다시 출발. 흔들리는 남편에게) 얼른 가서 앉아요. (흘기며) 누구두 못 말려 정말. 가만 앉았지 왜 나대요, 그러니까.
준하	(완전히 혼자 중얼거리며 O.L) 어어 이거 (맨 뒷자리 기웃거리며) 담배두 못 피우구 사람 죽겠네. (버스는 다시 멈추고 뒷자리로 어슬렁어슬렁 움직이다 잠깐 멈추고 미숙 본다)
미숙	(줄줄줄줄 소리 없이 울고 있다) ……
준하	(슬그머니 모르는 척 영하 앞에 서며) 야. (작게)
영하	(돈과 수첩 챙겨 주머니에 넣으며 올려다본다)
준하	(뒷자리 가리키며 담배 피우는 시늉)
영하	(노인들 쪽 기웃이 살피면서 안주머니에서 담배와 라이터 꺼내준다)
준하	(슬그머니 받아 들고 아닌 척 뒷좌석으로 들어가서 담배 입에 물고 마아 라이터 거려고 하는데)
미숙	(갑자기 대성통곡이 터진다)
준하	(담뱃불 붙이려다가) ?
윤하	(잠깐 멈칫했다가 그만두고)

은비   (비질비질 터지는 입 막고)

병규   (아내 눈치 보고)

수진   (쟤 왜 저러지? 하는 얼굴로 인애 보고)

인애   (수진과 눈 맞췄다 돌리면서 '미치겠어 정말' 하는 얼굴)

미숙   (목 놓아 대성통곡)

영하   (대성통곡하는 아내 옆에 와 서서 잠깐 내려다보다가 옆에 앉
        으며 아내 어깨 안으려)

미숙   (그 손 모질게 갈기며) 싫어! 건드리지 마. (다시 오는 손 암팡
        지게 밀어내면서) 싫다구. 만지지 말란 말야. 징그러! 만지지
        마. 만지지 마.

영하   미숙아, 미숙아. (얼굴 싸쥐려 하며)

미숙   (도리질하며) 아아아아악! (손 털어내다 영하 손 왈칵 끌어다
        가 손등을 깨물어버린다)

영하   아아아악! (놀라서 벌떡 일어나 피하며 빼낸 손 털털 턴다)
        …… (황당해서 아내 보며. 미움이나 반발은 없다)

병규   (비명 소리에 자리에서 일어나 돌아본다)

인애   (그래도 아는 척은 해야겠어서 옆에 와 섰다가 시동생이 물어
        뜯기자 입을 딱 벌리고 아무 말도 못하다가) …… 아니, 아니
        동서 이게 무슨, 무슨 짓이야아? 어디 좀 봐요 서방님.

영하   (손 털며) 괜찮아요.

인애   어디 보자구요. 피 안나요?

영하   (손 피하며) 안 나요.

인애   정말 괜찮은 거예요?

영하	(대답 없이 손 털면서 통곡하는 아내 본다)
인애	(대성통곡하는 미숙에게) 우리 식구끼리만 있는 것두 아니구 이게 무슨…… 이제 그만해 동서.
미숙	(반발로 울음 더 크게)
인애	?
영하	그만해.
미숙	상관 마! 어어엉 엉엉엉엉.
영하	(좀 나무라듯) 그만하라구. 애두 아니구 뭐야, 시끄럽게.
미숙	(더 크게 울어젖힌다)
인애	(오직 기가 막힐 뿐이고)
영하	그만하라니까! 그렇게 안 해두 당신 효분지 천하가 다 안다구! (좀 올라서)
미숙	(영하 치켜보면서 울음 딱 그친다)
영하	(아차 해서 얼른 미숙 옆자리로 들어오며) 여보, 아버지두 당신한테 고마워하시면서, (하는데)
미숙	(오른편 주먹으로 냅다 갈기기 시작해서 이 악물고 양쪽 주먹으로 닥치는 대로 남편 두들겨 패기 시작한다)
영하	(두 팔 머리 위로 들어올려 막고 맞아주고)
인애	동서, 동서!
준하	(급히 와서 영하 일으키려 하면서) 제수씨 제수씨, 이러는 법이 어딨어요, 예? 일어나 일어나라.
영하	놔둬요 놔둬. (준하에게 일으켜지면서)
윤하	(E) (벼락같이) 너 이리 와!

| 윤하 | (자리에서 일어나 뒤 보고 있다) 부모님 장례 모시러 가면서 이게 무슨 망신스런 짓이야, 인마! |

윤하   (자리에서 일어나 뒤 보고 있다) 부모님 장례 모시러 가면서 이게 무슨 망신스런 짓이야, 인마!

미숙   (시끈거리다가 힐끗 짧게 윤하 쪽으로 시선)

준하   (E) (윤하에 O.L의 기분으로) 그래애, 너 인마 이게 뭐야.

영하   (E) (노인들에게) 어르신들 죄송합니다 죄송합니다.

미숙   (푹 어깨 떨어뜨리고 시트에 등 붙이며 차창으로 고개 돌린다. 그 얼굴에)

준하   (E) (크지 않게, 다소 은밀하게) 너 뭐…… 제수씨한테 죄진 거 있니?

미숙   (기가 찬 얼굴 잠깐 그쪽으로 돌아갔다가 …… 다시 창으로)

S# 8 뒤로 달리기하고 있는 잠수교 바깥 풍경에(미숙의 차창 유리에 카메라 붙여놓고 찍은 것처럼) 훅훅 지나가는 잠수교 교각들

S# 9 저 멀리 강물

    (M) 강물에 5초쯤 사이 두었다가 음악.

    강 풍경에 잠시 더 음악 흐르고.

S# 10 버스창으로 고개 들고 눈물 툭툭툭툭 떨어뜨리고 있는 미숙(유리 밖에서)

    (M) 연결되다가.

    (E) 고속도로 휴게소 소음 뛰어들면서 동시에 음악 아웃.

S# 11 경부고속도로 상행선 휴게소 / 5년 전 가을 일몰 직전

햄버거 매점 쪽에서 봉지 들고 부리나케 반은 뛰듯이 오는 영
하 위에.

미숙   (E) 뭐라구요? (이미 오를 대로 올랐다. 영하, 멈칫하며 소리
나는 쪽 보는 위에) 재수가 없을라니까 별꼴 다 봤어요? (영하,
어이그 저거 정말, 하는 얼굴로 아주 빠르게 아내 쪽으로 움직
인다)

미숙   (임시 넘버 붙인 영하의 12인 승합차 꽁무니쯤에서 손가락으
로 땅바닥의 담배꽁초들 가리키며 연결) 재수가 없어 별꼴 다
보는 사람은 바루 난데 이게 무슨 적반하장이에요!

남자   (자가용 재떨이 들고 서서) 하, 나 참 이 아주머니.

미숙   (O.L, 손가락질하며) 주워요. 당장 거기 주워 담아 갖구 가란
말예요!

여자   (남자 밀치고 앞으로 나서며) 당신이 뭔데 이래요, 도대체가!

미숙   (자동차에서 내다보는 일곱 살, 다섯 살짜리 아이들 가리키며)
자가용에 자식 태워 갖구 다니면서 그래, 부모가 자식한테 이
런 거나 보여줘야겠어요?

여자   이 여자 정말. 니가 뭐야, 너 뭐야!

미숙   너어? (뛰어든 영하에게 끌어내지면서) 너어어? 너라구?!

영하   (제 차로 끌고 가면서) 타 타, 타라구.

미숙   날더러 너라잖어!

영하   창피해 글쎄. (눈 부라리며) 얼른 타. (나직이)

미숙   (밀리면서도) 서른 발짝만 가면 쓰레기통 있는데

영하   (O.L) 시끄러 그만하자구!

미숙   (차로 밀어넣어지면서 벌써 자동차에 오르고 있는 부부에게
소리 지른다) 너어어? 너라구우?

영하   (벌컥 미숙 떠밀어 나동그라지는 것 상관 않고 차문 콱 닫는
데서)

S# 12 고속도로 달리는 영하의 차 운전대

싸우는 중이다.

미숙   좋게 말했단 말야 좋게! 누가 첨부터 악썼을까봐?!

영하   좋게 말해서 안 들으면 아뭇소리 말구 니가 주워 치우면 되잖아.

미숙   내가 왜! 어지르는 사람 따루 있구 치우는 사람 따루 있어?

영하   그럼 못 본 척 가만있어.

미숙   어떻게 가만있어! 그게 말이 되는 인간들이니 도대체가?!

영하   꺼리만 생기면 얼씨구나 쌈판 벌이는 너는 말 되는 여자야?

미숙   내가 뭐 쌈으루 취미생활 하는 사람야?

영하   (늦추지 않고 화낸다) 취밀 넘어 직업이다 직업. 이박삼일 동
안 하루 한 건씩 쌈판 벌였다면 알쪼지 뭘 그래.

미숙   …… (흘겨보다가 햄버거 종이 퍽 들어서 남편 얼굴 앞에 흔들
어 보이며) 결혼 칠 년 만에 그래, 것두 차 빼러 가는데 간신히
빌붙어 나선 신혼여행에 햄버거나 멕여주는 거야?

영하   (봉지 때문에 안 보여서 얼굴 이리저리 피하며) 육개장 먹자
는데 햄버거 먹잔 사람 누구야. (여전히 화나서)

미숙   (남편 얼굴에서 봉지 내리며 시선 앞으로. 아무렇지도 않게)

해가 엄청 짧아졌어 그치?

영하   ……

미숙   난 이 시간이 젤 좋더라. …… 아주 철학적이 돼. …… 우리는
        어디서 와서 어디루 가나.

영하   어제두 했어 그 소리.

미숙   (미워서 쥐어박는 소리로) 알어.

영하   …… (무표정으로 운전)

S# 13 땅거미 지는(해지기 직전의 황혼) 고속도로를 달리는 영하
의 승합차

S# 14 아파트 근처 길에서 신호등에 걸려 있는 영하의 차 전면 /
완전한 밤

미숙   (둘 다 피곤하다. 고개 기웃이 하고 느닷없는 큰 하품 막 시작
        하는데)

S# 15 차 안

미숙   (하품 연결, 소리까지 적나라하게 내면서) 아아아아아아아흐
        으으.

영하   입 안 찢어졌나 봐라.

미숙   (입맛 다시면서) 의식이 그냥 엄마한테 하루 더 재웁시다.

영하   내가 데려올께.

미숙   곧 잘 시간인데 뭐.

영하	시내 들어와서 어떻게 두 시간 반을 잡아먹니.
미숙	(다시 하품하며) 아으, 아으으으 죽겠다.
영하	(하품 시작하자 아내 돌아보고 있다가 아무렇지도 않게 손 쓰 윽 뻗쳐 아내의 치마 걷는다)
미숙	(툭 쳐 치운다)
영하	(다시 손 뻗친다)
미숙	(손 밀어내며) 파란불야, 정신 차려.

S# 16 아파트 현관 안

(E) 캄캄한 어둠 속에서 열쇠 돌리는 소리와 함께.

미숙	(E) 이 사람 정말 왜 이러니이
미숙	(들어와 현관 불 켜며 연결) 칩칩하게에. 등 뒤에 엉겨붙어 미숙의 가슴으로 손 집어넣으려는 영하, 미 숙이 움직이는 대로 따라붙는다.
미숙	(거실 불 켜며) 어유우 냄새, 사람 죽이겠네. (영하 벌컥 밀어내 며) 당신 저기 창문 좀 열어요. (주방 쪽)
영하	엉? 엉. (주방 쪽으로 가며 벌써 테라스 문 열려고 달라붙는 아 내에게) 취, 쪼금만 열어.
미숙	(열어젖히며) 활짝 다 열어, 새집 사 이사하구 페인트 냄새에 질식사했다구 신문에 나구 싶어?

S# 17 거실

활짝 다 열린 창으로 제법 강하게 들어오고 있는 바람에 바닥의 신문이 펄럭거리고 있다.

응접세트가 아닌 오래 쓴 교자상에 방석 몇 개.

S# 18 안방

억지로 쓰러뜨리려는 영하와 히히덕거리면서 빠져나가려는 미숙.

미숙 아유 정말 왜 이래애, 피곤해 죽겠는데에. 의식이 데리러 간다 면서어, 빨리 씻구 갔다 오라구우. (꼭 싫지만은 않다)

영하 낼 데려오자면서어.

미숙 사람이 뭐 이래애.

영하 (완전히 쓰러뜨리며) 애먹이지 말구 가만있어어.

미숙 어으어으. (흘겨보면서)

영하 (아내 옆 목에 얼굴 붙인다)

미숙 (포기하고 남편 목 껴안는데)

(E) 요란한 전화벨.

부부, 함께 멈추고 전화통 돌아보고.

영하 (이내 다시 원래 시도로 돌아가며) 받지 마 받지 마.

미숙 (누운 채 전화로 손 뻗치며) 엄말 거야.

영하 받지 말라니까. (아내 손 막으며)

미숙 (남편 밀어내듯 상체 반쯤 뒤집으며) 어떻게 안 받어. 잠깐 있 어. (수화기 집어 남편 귀에 대준다. 남편을 위에 놓은 채)

영하 (별수 없이) 여보세요?

준하 (F) (느닷없이) 야, 늬들은 어떻게 된 거냐 도대체.

영하	(그대로인 채) 왜요?
준하	(F) 이 자식아 어딜 가면 간다구 형제네 집에 전화 한 통 넣구 집 비우면 뭐 지진 나는 거냐?
영하	아니 왜요?
준하	(F) (O.L의 기분으로) 인마, 아버지 또 쓰러지셨어, 돌아가시는 줄 알았단 말야.
영하	? (아내에게서 떨어지며) 에에? (크게 놀라서)

S# 19 윤하의 거실 / 밤

준하	(전화 중이다) 아버지 쉬셔야니까 낼 가봅구 너 이리 좀 와. 여기 청담동야…… 그동안 약을 전혀 안 드셨대. 약에 의존하는 거 기분 나빠 의지루 조절하시겠다구. 우리 아버지 알잖아 왜…… 돌아가시진 않아. 돌아가시진 않는데 상탠 먼저보다 훨씬 나쁘셔…… 병원엔 낼 가구 글쎄 이리루 먼저 와, 의논 좀 하자.
윤하	(신문 들고 있고)
인애	(과일 깎고 있고)
수진	(커피 만들고 있고)
은비	(탁자 내려다보며 뿌우 앉아 있고)
병규	(괜히 안경다리 만지고 있다)

통화하는 준하와 한꺼번에. 준하의 '의논 좀하자' 에서.

S# 20 아파트 현관 / 밤

미숙   (뛰는 건 아니지만 서두르는 걸음으로 나오는 남편 뒤 부지런
히 따라 나오며) 먼저보다 상태가 나쁘시다면 어떤 거예요?

영하   (대꾸 없이 자동차 운전대로 가서 키 꽂는다)

미숙   (운전석 반대편에 서서 차에 오르는 남편에게) 지팽이 짚구두
못 걸으신다는 말인가? (남의 얘기 하듯)

영하   (차 안에서 미숙 쪽 문 열며) ……

미숙   (타면서) 먼저는 석 달 만에 지팽이 짚구 걸으셨는데 이제 완
전히 못 쓰시게 되는 건가?

영하   (시동 걸며) 어디 남의 집 얘기하니? (올라서) 신나?

미숙   ? 내가 신난댔어?

영하   (거칠게 출발시키며) 장모님이 쓰러지셨대두 너 그럴 거야?

미숙   (거친 출발에 몸 출렁하면서) 날더러 연극하란 말야 그럼? 아
이구우, 아버님 어떡하시나 큰일 났네, 연극해?

영하   (부라리며) 내 아버지야!

미숙   난 그 아버지한테 아직두 며느리가 아니야! 눈에는 눈 이에는
이지 뭐.

영하   입 다물구 가만있어!

미숙   무슨 의논을 하자는 거야 이 밤에. 큰아들 작은아들 짱짱한데
뭐, 병원비 얼마 낼 거냐구?

영하   (휙 쏘아보고는 느닷없이 자동차 길 옆에 대고) 내려.

미숙   ? (영하 보며)

영하   내려서 집에 가. 나 혼자 갔다 올게.

미숙	같이 가야 한다면서.
영하	내려 빨리! ……

S# 21 청담동 윤하의 집 전경 / 밤

대문께 대어져 있는 준하의 차와 영하의 승합차.

S# 22 윤하의 거실

영하	(현관께에서 소파 쪽으로 오며 좀 떳떳지 못하게 형수들에게 목례하고 준하 쪽으로)
미숙	(영하 뒤에서 여자들에게 목례)
수진	어서 와.
준하	어서 오세요.
미숙	(아는 척하는 준하에게 목례)
인애	(슬그머니 미숙 등에 손 대서 소파 쪽으로)
영하	(시선 내리고 뿌우 앉아 있는 윤하에게, 선 채로) 저…… 차 빼러 울산 갔었어요.
준하	(선 채로) 그래 글쎄 어디다라두 전화 한 통 해놓구 감 안 되는 거냐구.
영하	오래 비는 게 아니니까.
준하	(푹 앉으며) 아버지는 자꾸 찾으시는데 스무 시간 서른 시간 도무지 도무지 연락이 돼야지 이거야 원. 태권도장은 닫어걸었다지, 집 전환 고장두 아니라지, 일가족 납치범 있단 소리두 들은 적 없지. 경비실에서두 모른다지.

윤하	(O.L, 일어서며) 우리 들어가 얘기하자.
준하	그럽시다. 매제 일어나.
병규	예. (일어선다)
준하	(앞선 윤하 따라 움직이는 영하에게) 의식이 외할머니 전화번호래두 알았으면 좋겠는데 아는 사람이 하나나 있어야지. (뒤의 병규에게) 들어가 들어가.

윤하와 영하 서재로 들어가고.

병규	들어가세요.
준하	들어가아. (뒤돌아보며) 우리가 다 같이 한번 생각해볼 문제라구. 같은 서울 하늘 안에 다 같이 살면서 다 각각 (열려 있는 서재문 붙잡고 뒤돌아보며) 이건 무슨 날이라는 제목이나 붙어야 한데 모이구 사둔댁 전화두 모르구 살구 말야.
인애	(O.L) 아유, 얼른 들어가기나 해요.
준하	(들어가고 문 닫힌다)
수진	(앉으며 인애와 눈 맞추고) 앉어.
인애	(수진과 눈 맞추며) 네. (앉으며) 동서두 앉어.
미숙	네. (은비 옆으로 잠깐 보며 앉는데 두 동서들과는 앉는 동작부터가 다르다)
인애	(미숙이 앉는 것 기다렸다가) 저녁은 먹었을 시간이지?
미숙	네. (하며 고개 은비에게 돌리고) 아버님은 어떠신 거예요?
인애	속상해 죽겠어. 아주 자리보전하구 누우시나봐.
미숙	…… (두 여자 잠깐 보고 다시 은비에게) 큰일 났네요.
인애	큰일은 진짜 났어. 퇴원하시면 곧장 어느 집으루든 모셔내야

하는데 정말 이만저만한 고민거리가 아니네에.

미숙   ? (세 여자 차례로 1초씩 보는 시선 움직임)

세 여자   (각각 1초씩 아무 말 없이 차례로)

미숙   그게…… 왜…… 무슨……

수진   (O.L) 아가씨가 더 이상 못 모시겠대.

미숙   ?

은비   (E) (미숙 위에) 그렇게 말하는 게 아니죠 언니.

은비   못 모시겠다는 게 아니라 모실 수가 없는 형편이 된 거 아니에요?

수진   형편 얘긴 이제부터 하면 되는 거구, 결론만 얘기하면 못 모신다는 거잖아요.

은비   형편 얘기 먼저 하지 왜 결론 먼저 얘기해서 사람을 꼭 나쁜 인간을 만들어요 언니는?

수진   내가? (언제)

은비   (O.L) 어제 아침에 병원에서두 그랬잖아요. 담달 중순부터 지방 근무 가게 될 거같이 생겨 더 모시기 어렵다구 기껏 말했는데 언니, 둘째 새언니 병원에 나타나자마자 뭐랬어요.

인애   아이구 관둬요 아가씨. 그 말이 그 말이구 그런데 뭘 그깐 말 순서 갖구 그래요. 설마 아버님 모시기 싫어 지방 근무 자청했을 거라구 생각하는 사람 있는 것처럼.

은비   ? 그렇게 생각한다는 거예요 뭐예요 지금?

인애   (E) (자신과는 상관없이 듣고 있는 미숙 위에) 그게 무슨 벼락 때릴 소리예요.

은비	(E) (미숙 위에) 그렇게 들려요.
인애	아버님 퇴직금으로 집 사면서 아버님은 아가씨네가 평생 모시기루 했는데 갑자기 이렇게 되니까 우리두 당황하죠오. 형님두 당황해서,
은비	(O.L) 집 팔어서 아버지 퇴직금 도로 토해내면 될 거 아녜요.
수진	얘기 참 듣기 거북하네요. 지금 그런 얘기가 아니잖어요.
인애	아가씨.
수진	(O.L) 동서 가만있어. 지금 서루 그렇게 말 트집 잡구 그럴 때야? 아버님을 어떻게 해야 하나 그걸 결정해야지.
미숙	? 어떻게 하다니요? 아가씨 사정이 그렇게 됐으면 형님이 모시는 거…… 아니에요?
수진	(질려서 미숙 보며) …… (말이 안 나온다)
인애	글쎄, 그게 원칙이긴 해. 원칙은 그렇지.
수진	(차갑게 인애 보면서) 내가 원칙 모르는 사람야?

S# 23 윤하의 서재

삼형제와 병규. 각각 한정 없이 무거운 분위기로 움직임주차 없이.

사이.

윤하	(무겁게 담배 뽑아 문다)
병규	(라이터 켜댄다)
윤하	(깊게 빨아들여 내뿜는다) ……
영하	…… (뿌우)

병규   (눈치 보듯 괜히) 죄, 죄송합니다…… 죄송합니다.

윤하   죄송할 거 없어. 당연히 우리가 모셔야 되는 건데, 그동안 송서 방이 애썼어.

준하   (O.L의 기분으로) 그런데 자네 거 지방 근무는 아주 확정된 건 가?

병규   예, 거의 확정적이에요.

준하   어떻게 손써서 안 갈 순 없나?

병규   그거…… 그런 짓 하면 찍혀서요. 지방 근무 다 싫어하거든요.

준하   (머릿속에 손가락 넣어 아무렇게나 북북북북 긁으며) 어어어 터진다 터져……

윤하   (담배만 태우면서) ……

준하   자식이나 없어야 이혼두 하지. 어제 밤새두룩 싸웠다…… (영 하 보며) 형 사정 어떻게 할 길 없는 사정이구 우리가 모실 수 밖에 없었더니 아버지 모시면서 과외 선생 어떻게 하냐구 길길 이 뛰잖니.

영하   ……

준하   사람이 분수에 넘치는 짓은 하는 게 아닌데 괜한 바람 들어 큰 집 사놓구 빚 _끄느라_ 멀쩡한 교사직 내놓구 비밀과외 선생으루 어어이…… 할 소리 못할 소리 다 퍼붓긴 했지만 들킬까봐 떨 면서 그거 하는 것두 피 마르구 살 마르구, 밤 열두 시나 돼야 파김치가 돼 들어와 쓰러지는 사람한테 아버지 병수발까지 하 라는 것두 무리지만……

영하   ……

준하 　아들자식이구 딸자식이구 자식 별 소용없는 겁디다 형. 이거야
　　　나 혼자 내 맘대루…… 뭐가 돼야지 도무지가.

윤하 　맏형이 이건…… 말두 안 되는 소린데…… 너는 어떠냐.

영하 　…… (보며)

윤하 　아버지한테 들어가는 경비는 내가 맡을게.

영하 　어림두 없어요. 내가 장남이래두 안 한달 거예요. 아버지가 좀
　　　하셨어요?

준하 　내 뭐랬수, 얘두 별수 없을 거라구 했잖아요.

윤하 　……

준하 　거 지방 근무 안 한다 그래. 안 된다 그럼 때려치라구. 내 딴 데
　　　취직시켜줄 테니까. 밥 벌어먹을 데가 거기밖에 없어?

병규 　(괜히) 큼 크으음.

준하 　싸가지 없는 며느리들보다야 딸이 그래두 백 번 낫다구. 물 한
　　　그릇을 떠다드려두 딸이 나아 딸이. 더구나 은빈 막내루 아버
　　　지가 눈에 너두 안 아프게 키우셨구.

병규 　(O.L) 그런데 그 사람두 이제…… 크음 한겐가 봐요.

준하 　?

윤하 　?

영하 　?

병규 　개스 열어놓구 끄는 거 자꾸 잊어버리시구, 즈이 집 불날 뻔했
　　　잖아요. 화장실 풀러시두 안 하시구, 물 틀어놓구 잊어버리시
　　　는 건 다반사구요. 또,

윤하 　(O.L) 됐어, 그만해.

병규   ……

윤하   (담배 끈다)

S# 24 거실

네 여자 각각 아무 말 없이.

미숙   (느닷없이 터지는 하품을 놀라지도 않고 중간쯤에 천연스레
       손으로 가린다)

수진   (다소 경멸하는 얼굴로 보고)

인애   (기막힌 웃음 잠깐 흘리면서 미숙 본다)

은비   (냉수컵 들고 컵 내려다보며) ……

미숙   잠자는 시간 빼구 계속 차만 탔거든요. 포항으루 경주루 어디
       루(부어서 마치 '피곤해서 그래 뭐'의 톤) …… (다시 터지는
       하품을 이번에는 초장에 막는데)

은비   그럼 아버진 어떡할 거예요. (가시랭이 뜯던 손 입에서 떨어뜨
       리며)

수진   글쎄…… 묘안이 없네.

은비   (O.L의 기분으로) 없음 어떡하냐구요.

수진   그러니까 지금 의논하고 있잖아요.

은비   이건 의논이 아니라 두 집은 결코 못 모신다는 성명서 발표 아
       녜요 이건.

인애   아직 저 집이 있잖어.

은비   (인애 쏘아보고)

미숙   (과일 집다가 멈추고) …… (입 좀 벌린 채) …… 저요? ……

저 말이에요? (이 여자 저 여자 본다)

수진 현재 조건 맞는 사람이 동서밖에 없어.

미숙 무슨 조건요.

인애 아버님 잘 모실 수 있는 조건.

미숙 (과일에 뻗쳤던 손 거두며) 아니죠. 아버님을 젤 잘못 모실 조건이라면 건…… 제가 첫째죠. 아버님 날 끔찍하게두 싫어하구 무시하는 거 다 아는…… 사실이잖아요…… 저두 아버님 싫어하구요. 좋아하는 시아버님 병수발두 쉽잖을 텐데 싫어하는 시아버질…… 잘 모실 수 있어요? 아버님은 두 형님하군 사이가 괜찮잖아요. 그리구 경제적으루두 우리 집이 젤 못해요.

수진 (얼른) 경제적인 건 모르는 척 안 할께.

인애 (얼른) 그럼 물론이지.

미숙 아녜요, 필요 없어요. 우린 안 모실 테니까.

인애 우리가 모실 수 있다면,

미숙 (O.L) 모실 수 있지 왜 없어요. 현식이 외할머니 아직 건강하신데 아들네 집에 좀 가 계시라 그럼 되겠네요.

인애 아들며느리랑 뜻 안 맞어 여기 계신 분인데 어떻게 그래. 더구나 상속받을 사위가. 다 알면서 왜 그래. 집두 현식이 외할머니 집이잖어. 집 내놓구 나가시래?

수진 그런 얘긴 할 거 없어.

미숙 (O.L) 그럼 형님네가…… 간병인 하나 붙여놓구 과외하러 다니시면 되잖아요.

인애 과외만으루두 날마다 송장처럼 늘어져.

미숙	저두 아니에요…… 안 해요. 사이가 좋은 며느리가 모셔야지요 오. (벌떡 일어나 화장실로 들어간다)
인애	(미숙 들어가자) 만만찮을 거랬잖아요.
수진	(혼잣소리처럼) 아유 속상해.
은비	(수진 쏘아보며) 아버지 어떡할 거냐니깐요!

S# 25 준하의 자동차 안

준하	(빵, 손으로 클랙슨 치면서) 장남이 못 모실 형편이면 차남이 모시는 거지 별수 있어?! 아니 어디 법으루 안 된다구 정해진 거 있어? 징역 살린대?!
인애	못 모실 형편이라는 게 그게 그렇게 절대적으루 합당한 이유가 되는 거예요? 모시기 싫어 그러는 거지. 안사둔 바깥사둔 아래 층 위층 나눠 모시면 뭐 어디가 덧나요? 집 넓겠다 돈 많겠다 간병인 하나 아니라 둘이라두 쓸 수 있잖아요!
준하	처가 덕에 빌딩 지어 개업하구 사는 형이잖어.
인애	(O.L) 우리가 아주버님 처가 덕본 거 있어요? 그 사정 우리가 봐줄 게 뭐 있어요?
준하	형제끼리 사정 안 봐주구 누가 봐줘 그럼!
인애	장남은 청담동이에요, 부모 모셔야 하는 건 어디까지나 장남 의무라구요. (하다가 새삼스레 발끈) 큰집이 땟거리가 없어 우 리가 모셔요, 왜 우리가 모셔요, 진짜아!
준하	나두 자식이야! 반신불수된 부모 놓구 자식들이 그래 서루 니 가 모셔라, 니가 모셔라 그 짓을 해야겠어?

인애	능력이나 왕창 있어 빚 안 지구 살게 하죠 왜! 빚만 없어두,
준하	(O.L) 빚빚빚빚, 그 빚 소리 그만 못 둬? 누가 당신더러 빚져가
	며 일 저지르랬어?
인애	그렇게 안 샀으면 아직두 스물다섯 평이에요.
준하	어이그으으으.
인애	스톱, 여보 스톱!
준하	(놀라서 급브레이크 밟지만 늦었다. 앞차 꽁무니 꽝 박는다)
인애	아악. (얼굴 가리며)
준하	(아내 힘껏 째리면서 벨트 풀며 차문 연다. 앞차와의 처리를 위
	해서 내리려고)

S# 26 시내 어느 택시 정류소
다른 손님은 없고 은비 부부만.

은비	하나같이 모두 마누라 손아귀에 꽉 움켜쥐어져서는.
병규	움켜쥐어져서가 아니라 그럼 어떡해. 남자야 아침에 나갔다 밤
	에 들어오구 환자 아버지 모셔야는 건 여자가 할 일인데 본인
	들이 안 하겠다는데.
은비	안 하겠다는 게 어딨어, 해야 할 처지면 하는 거지. 남의 집 며
	느리가 뭔데. 와이프가 안 한다구 그래 아들 셋이 다 말똥 씹
	은 얼굴루 나 잡어잡수우, 나 말구 다른 사람 누가 맡어주나아
	그러구 있어? 아들 셋이 다 같이? 나쁜 인간들.
병규	남자들이 나쁜 게 아니라 바루 당신네들, 여자들이 나쁜 거야.
	세상에 인간껍질 쓰구 지 부모 나 몰라라 하구 싶은 자식놈이

어뎠어.

은비   그런데 와이프 무서워 찍소리 못하구 있어, 인간껍질 남자껍질 쓰구?

병규   요새 여자들이 남자 말 들어? 당신은 내 부모님 모시라 그럼 모실 거야?

은비   형이 셋이나 있는데 내가 왜 모셔.

병규   누가 있어서가 아니라 당신두 싫잖어. 왜 그래, 솔직하라구.

은비   (좀 기가 죽는다) 싫어두 꼭 내가 모셔야 할 처지라면 모셔야지 어떡해.

병규   입술에 침이나 바르구 그런 말 해라. 장인어른 모시면서두 깽깽깽깽 시끄럽게 구는 여자가.

은비   만 이 년 모셨어, 딸로서 난 할 만큼 했다구.

병규   그래 됐어 됐어, 많이 했다 많이 했어.

은비   우리 아버지 어떡해.

병규   (길 보면서) 요즘 남자 불쌍하지이. 여자 발언권 세지면서 맘하구 다른 불효자식 노릇하구 죽는 날까지 죄책감에 시달리며 살어야 하니······

S# 27 윤하의 서재

수진   (잠옷으로 남편 등 뒤에 서서) 미안해요, 여보. 당신 맘 어떤지 알아요. 장남인데······

윤하   (테이블 의자에 앉아 냉담하게) ······

수진   그렇지만 나두 이해해줘요 당신. 오빠가 어지간한 사람만 같어두 엄마한테 터놓고 얘기해보겠는데.

윤하 알아, 됐어.

수진 …… 엄마 오빠랑 의절하구 나서 정신 차린 거 같대요. 사업 착
실히 한 대요. 지금 엄마, 오빠랑 화해하시면 오빠 도로 도로아
미타불, 기어이 엄마 거지 만들구 말 거예요.

윤하 됐다구.

수진 …… (남편 보다가 한 손 남편에게 대면서) 여보.

윤하 (그 손 조용히 떼어내버린다)

수진 …… (보면서)

S# 28 영하 아파트

아까와는 달리 빼곡하게 들어찬 차들. 용케 집과는 좀 떨어진
위치에 자동차 대어지고 있는데.

미숙 (먼저 내려서 있으면서 주차하는 중인 차 속의 영하에게 큰 소
리로 떠들고 있다) 인간이 모두가 다 저 한 짓은 모른다구 쳐
두 그래, 아니 어떻게 나한테 떠다밀 수가 있어? 여태껏 자기네
만 사람인 척 우린 사람 취급두 안 하더니 갑자기 엉? 시아비
지 모시게 생겼으니까 갑자기 나두 그 집 며느리야?

좁은 공간에 들어가느라고 애쓰는 승합차.

미숙 …… (잠시 보다가) 아버님 떠맡기려구? …… 내가 홍시감인
줄 아나 부지? 형! …… (하다가 얼른 자동차 뒤로 돌아가서)
오라잇 오라잇! 더 와, 더 와두 된다니까! …… 스토옵. (자동차
뒤 두드리며) 스톱 스톱.

차 멈춘다.

미숙   됐어. (앞에 대고 소리친다) 됐어요!

영하   (운전대에서 내려 스적스적 제 아파트 입구로)

미숙   (따라붙으면서) 사람을 얼마나 우습게 보는 거야 대체…… 우
        릴 얼마나 엿으루 보는 거냐구.

영하   (갑자기 걸음 멈추고 돌아보며) 입 다물어.

미숙   ? 여보.

영하   (O.L, 부드럽게 달래듯) 그만 좀 짖어 응? …… 그렇게 모르겠
        어? 나 지금 귀에 아무 소리두 안 들어와. 그냥 가만히, 아무 말
        두 하지 말구 조용히 들어가 조용히 자자구 응?

미숙   …… (보다가 끄덕인다) 알았어요.

영하   (걷기 시작하고)

미숙   (따라 들어간다)

        부부 들어가고 난 아파트 입구 잠시 그대로.

S# 29 미숙의 안방

영하   (서서 파자마 입는 중이고)

미숙   …… (기고 있는 자세로 이부자리 펴는 중이다가) …… 사람들
        이 양심이 없어. (중얼거리듯)

영하   (단추 끼다가 멈추고 본다)

미숙   (이불 펴느라 엉덩이 영하 쪽으로 돌려대면서 중얼거린다) 당
        연한 의무를 왜 (하는데)

영하   (뺑 발로 미숙 엉덩이 걷어차고)

미숙	(우스운 꼴로 엎어져서 남편 올려다본다) ?
영하	한마디만 더 해.
미숙	…… (수그러들어 입 내밀고 몸 추슬러 베개 꺼내다가 나란히 붙여놓는데)
영하	(자신의 베개 집어서 좀 떨어뜨려놓고 퍽 등 돌리고 누워버린다)
미숙	(뿌우해서 보며) ……

S# 30 병원 전경 / 이튿날 아침

S# 31 입원실

은비	(이교장 왼쪽 팔 주무르는 것처럼 만지고 있고)
이교장	(쓰러진 지 나흘째 병원에서 환자에게 처치한 상황 참작. 멍하니 나란히 서 있는 영하 내외 보고 있다)
영하	자동차 빼러 지방 갔었어요. 도장…… 담 달부터 큰 데서 새루 연다는 말씀 드렸었죠? 차두 새루 바꿨어요.
	미숙은 영하 옆에 서 있고.
이교장	…… (멍하니 보며)
영하	…… (보다가 눈 벌게지면서 속상해서) 어이 참, 아버지 왜 약 안 드셨어요.
이교장	(눈 감아버린다)
미숙	(그저 별 감정 없이 보다가 문소리에 돌아본다)
	윤하, 침대 쪽으로 시선 주며 들어서고 있다. 뒤따라 들어오는 수진.

S# 32 병원 식당

윤하 내외, 영하 내외 누구도 말없이 각각 커피 마시고 있다.

윤하   …… (장남이다)

영하   …… (아들자식이다)

수진   (귀하게 자란 특별의식 있는 며느리다)

미숙   (어디까지나 자신의 일일 수는 없다. 뻔히 보이는 침묵에 비위가 몹시 틀어진다)

네 사람의 그림 뒤로 준하 부부 나타나면서.

준하   어어이 빌어먹을, 길이 어떻게 메이는지. (의자 끌어다놓으며) 게다가 이 사람이 또 늦었지.

윤하   (O.L) 아버님 뵈었니?

준하   엉, 주무시던데? (자신이 갖다놓은 의자에 앉으려는 인애에게) 어디 앉어. 커피 갖구 와.

영하   (얼른 일어서며) 아니, 내가 갖구 올께요. (형수에게) 커피 드실래요?

인애   아뇨, 난 인삼차.

미숙   (인삼차에 O.L, 영하 옷자락 잡으며 일어선다) 앉어요. 내가 할께요. (미숙 차 가지러 가고)

준하   병원 괜찮수?

윤하   (안 보는 채) 오후에 세 건밖에 없어.

준하   찬바람 돌면 바빠지는 장산데 왜 세 건밖에 없어?

인애   (O.L) 그런 얘기 할 때예요? (면박 주듯 미워서)

준하   위선 떨지 마. (흘기며)

윤하   (O.L) 오후에 시간들 있니?

준하·영하   (윤하 본다)

윤하   일곱 시 반까지 병원으루들 와. 얘기 좀 하자.

준하   (끄덕이듯) 그러지.

영하   (준하와 거의 동시에) 알았어요.

미숙   (분위기 살피며 컵 두 개 각각 놓아주는데)

S# 33 미숙의 친정어머니 동네 골목 / 낮

미숙   (터벅터벅 걸어오고 있다)

S# 34 친정어머니의 대문 · 마당 / 아주 오래된 작은 한옥

         (E) 오래된 대문 소리 내면서.

미숙   (들어온다)

미숙 모   (양지바른 뜰에 퍼져 앉아 고추 꼭지 따고 있다가 힐끗 보고)
         데려다준다니까…… (웅얼거리듯)

미숙   (마루 끝으로) 김장거리예요?

미숙 모   (꼭지 따면서) 빠나야지.

미숙   (아무렇게나 핸드백 놓고 털썩 마루 끝에 걸터앉으며 O.L의 기
         분으로)의식이 할아버지 또 쓰러지셨어요.

미숙 모   ? (놀라서 돌아본다) …… 위중하시냐?

미숙   돌아가시지는 않나 봐요.

미숙 모   무슨 말따구니가……

미숙   자리보전하구 누우신대나 봐.

미숙 모   남의 일이야?

미숙   (마루 끝에 놓여 있던 가위 들고 엄마 옆으로 와 쭈그리고 앉
          으면서 O.L) 맘에 쏙 드는 큰며느리 작은며느리두 남의 일인
          데, 천덕꾸러기 막내며느리가 뭐.

미숙 모   …… (딸 보다가 다시 고추 만지며) 에이그 이 복 저 복 다 쓸
          데없구 그저 죽는 날까지 내 발루 걸어다니다가 죽는 복이 젤
          큰 복인데, 그 양반 기어이 자식들한테 대소변 받아내는 일
          미숙 무슨 소린가 하고 엄마 본다. 그 위에(연결).

미숙 모   (E) 까지 시키는구나.

미숙   대소변 받아내야 해요?

미숙 모   아 자리보전하구 눕게 되셨다면서.

미숙   …… (입 꾹 다물며. 그 생각까지는 미처 못했다)

미숙 모   (E) 은비가 큰 고생 하게 생겼구나.

          미숙, 엄마 본다.

미숙 모   (E) (미숙 위에) 쯔쯔쯔쯔 딱해라.

미숙   (혼잣소리처럼) 세상에 기통 막혀.

미숙 모   ?

미숙   (가위를 꼭지 딴 고추 위에 내던지듯 하면서) 엄마, 세상에 이
          렇게 빤빤스런 사람들 얘기 들어본 적 있수? 그 노인넬 글쎄
          날더러 모시라구 압력 넣어요 두 집에서요.

미숙 모   ? …… 니 시누가 안 모시겠대?

미숙   지방 근무 발령받아 내려간대나 봐요. (신경질 피우듯) 어제 다
          같이 모였는데 큰큰집은 안사둔 때문에 안 된다 아주 당당하구

요, 작은큰집은 과외 선생 하면서 병자까지 받을 형편이 아니라면서 모실 집은 우리밖에 없단 식이에요. 이게 말이 돼요?

미숙 모 …… (딸 보면서)

미숙 (좀 더 오르면서) 이게 말이 되는 소리냐구요. 장남 차남 멀쩡한데 왜 막내가 그 바가질 써요? 것두 버린 자식 취급받던 막내가요?

미숙 모 그래 너 뭐랬어.

미숙 엄마 나 돌았어요?

미숙 모 못한댔어?

미숙 못한댔죠 그럼, 한다 그랬을 거 같아요?

미숙 모 (딸 보던 시선 심란하게 떨어뜨려 꼭지 따면서) ……

미숙 (가위 도로 집어 들면서) 예뻐예뻐 해주던 시아버지래두 삼십육계 칠 건데 허이구…… (고추 한 개 썩 자르며) 막내가 왜 모셔요 막내가아? (강하게)

S# 35 아파트 주방

미숙 (다듬은 콩나물, 바가지에서 물 틀어놓고 거칠고 빠르게 씻어 건지다가 아들 방을 향해서) 숙제 하구 있는 거야? (악쓴다)

의식 (대답 없다)

미숙 (다시 악쓴다) 안 들리니?!

의식 (O.L. 방문 열고 나오면서) 다 했어요. (아주 의젓하고 어떻게 보면 능글거리기까지) 어이 엄마 시끄러워요.

미숙 (푹 떨어져서, 그러나 퉁명은 여전) 왜 대답 안 해.

의식	(냉장고 열면서) 금방 나올 거니까요. (우유팩 꺼낸다)
미숙	(이미 유리컵 하나 꺼내 탁 놓아주며) 대충대충 얼렁얼렁 다 틀리게 해치운 거 아냐 너?
의식	(우유 따르며) 검사하세요.
미숙	너무 빨리 했잖아.
의식	검사할 거잖아요.
미숙	빨랑 들어가 학습지 밀린 거 풀구 일기 써……
의식	잠깐 쉬구요. (우유컵 들고 제 방으로 움직이며)
미숙	쉬긴 코딱지만 한 게 뭘 쉬어. 빨리 해! 바깥에 봐. 벌써 깜깜하단 말야!

S# 36 이윤하 성형외과 건물 위경 / 밤

윤하 · 준하 · 영하의 자동차.

영하의 자동차에는 어느새 태권도장 이름과 전화번호 등이 씌어져 있다. 짧게.

S# 37 병원 내부 / 진찰실

모여 있는 삼형제, 대안이 없다.

윤하	(두 손으로 얼굴 싸쥐고 앉아서) ……
준하	(고개 푸욱 꺾고 앉아서) ……
영하	(역시 고개 아래로 하고 앉아) ……
준하	(문득 형 본다) …… 울어요?
윤하	……

준하	나두 울었수 간밤에…… 아버지 인생을 쭈욱 더듬어 생각하구…… (너무 쉽게 말하지 말 것. 가짜 같으니까) …… 은비 돌막 지나 어머니 돌아가시구…… 방굴이 엄마한테 맡겨논 은비랑 이 자식 못 미더워 수업 사이사이, 하루에두 몇 차례씩…… 쉬는 시간마다 헐레벌떡 쫓아와 보시군 하던 아버지…… 형 생각 안 나우?
윤하	……
준하	(E) (영하 위에) 이 자식은 세 살이었구.
준하	어이, (속상해서) 왜 그런 것만 생각나는지…… 우리 도시락 반찬, 콩조림 만드느라 연탄불 아궁이에 구부리시구 콩 젓던 그런 그림 말유.
윤하	(얼굴에서 손 내리며 O.L. 울고 있던 것은 아니다) 처음…… 결혼을 잘못했단 생각이 든다.
준하	피차일반, 나두 같은 생각이유.
윤하	(O.L) 어느 집에서두 안 모시겠다면 결국……
준하	…… (기다리다가) 결국 뭐요……
윤하	(일어나면서 가운 벗으며 상의 있는 쪽으로) ……
준하	그게 뭔데.
윤하	(가운 걸며) 우리나라엔 아직 쓸 만한 요양원두 하나 없어.
준하	? (멍하고)
영하	? (멍하고)
준하	(말도 안 되는 소리다, 좀 화내듯) 그런 게 있다면 그래 생때같은 자식놈이 하나두 아니구 셋씩이나 있으면서

윤하	(휙 돌아보며 O.L) 모시겠다구 나서는 자식눔이 하나두 없잖아!
준하	(화나서) 장남인 형이 못 모시겠다면서 우리한테 얼굴 붉히는 건 좀 우습잖어요?
윤하	(버럭) 늬들한테 얼굴 붉히는 게 아니야. 나 자신한테 화가 나서 그래!
준하	…… (이해할 수 있다) 결국…… 뭘 어떻게 하겠단 거예요.
윤하	공기 좋은 변두리에 집 하나 얻어서 간병인 따루 붙이구, 세탁이랑 식사 맡는 사람 또 따루 붙여놓구,
영하	(벌떡 일어나며 O.L) 관둬요, 내가 모실 테니까.
준하	? (올려다보고)
윤하	(영하 본다) ?
영하	(화나서) 잊어버리라구요 둘 다. 내가 모셔요. (출입구로 가며) 내가 모실 테니까 걱정들 하지 말아요.
준하	야, 영하야.
영하	(이미 나가서 문 부서져라 닫고 나간다)
준하	…… (형 잠깐 보고) 저 자식, 아니 누굴 모시기 싫어서 꾀피우는 줄 아나…… (하면서도 자신 없어 형 다시 돌아본다)

S# 38 병원 앞

영하	(화난 걸음으로 빠르게 나와 자동차 키를 꺼내 차문을 열고 올라 시동 걸자마자 출발한다)

S# 39 운전대의 영하

영하   …… (입 꾹 다물고 앞만 보면서) ……

유리창에 후두두둑 떨어지기 시작한 빗방울이 조금씩 많아지기 시작.

영하   (와이퍼 작동)

금방 세찬 기세가 되는 비.

영하   ……

S# 40 아파트 앞

영하의 차로 마구 퍼붓고 있는 비.

S# 41 영하의 현관

미숙   (E) (너무나 황당하고 화나서) 미쳤어? …… 미쳤나봐 응?

S# 42 주방

미숙   (찌개 냄비 막 식탁으로 옮기는 중이다. 냄비 든 채 놀라 엉거주춤 선 채 연결) 돌았어? 누가, 내가 모셔? 내가?

영하   (바지 주머니에 두 손 찌르고 서서 부드럽게 사정을 담아서) 우리가. 너랑 내가.

미숙   (O.L, 찌개가 펄렁 엎어질 정도로 거칠게 냄비 놓으면서) 어림 반 푼어치두 없는 소리 하지 마! 누구 맘대루 너랑 나 우리 둘야!

영하   의식이 있어. (달래듯)

의식, 식탁 의자에 앉아 불안하다.

미숙 (O.L, 거칠게 에이프런 벗으며) 난 못해. 날 죽인대두 그건 못해. 절대루 안 해. (벗은 에이프런 바닥에 후려 던지며) 죽어두 안 해! (빠르게 안방으로)

영하 ······ (아내 들어가는 쪽 보다가 의식에게) 걱정 말구 저녁 먹어. (안방으로)

S# 43 안방

영하 (들어와서) ······ (아내 보며 서서)

미숙 (화가 있는 대로 나서 걸어놓은 빨래 거칠게 개킨다)

영하 (다가서며) 미숙아.

미숙 (O.L) 싫어! ······ 가만있어. 건드리지 마. 미칠 거 같으니까 나 건드리지 말라구.

영하 ······ (보다가 등 뒤에 앉으며) 미안하다.

미숙 (O.L) 아아니, 미안할 거 없어. 난 안 모실 거니까 그런 사탕 먹일 거 없다구.

영하 ······ (보며)

미숙 죽으면 죽었지 안 할 거니까. (고집스럽게)

영하 ······ (보며)

미숙 하늘이 땅이 되구 땅이 하늘이 되두 안 할 거니까.

영하 모실 사람이 없어. (답답해서)

미숙 내가 알 게 뭐야.

영하 ······ (보며)

미숙	(너무 심했나?) 모실 사람이 없는 게 아니라 모시겠다는 사람이 없는 거지. 모시기 싫어서.
영하	(좀 오른다) 그래 모시기 싫어서 다 안 한대.
미숙	나두 싫어, 나두 안 해.
영하	(O.L) 나 위해서 한 번만 봐줘라.
미숙	천만에.
영하	한 번만 봐줘. 고마운 거 모를 놈 아냐. 너 착하잖니.
미숙	(O.L, 터진다. 남편 쪽으로 휙 돌아앉으며) 나 안 착해애! 당신 오해하구 있는 거라구! 어쩌다 당신 아버님 마주치면 소화두 안 돼서 꼭 약 먹구 뚫는 거 알면서 그런 말 해요? 나 당신 아버님 싫다구. 밉단 말야아. 속으루 당신 아버님 욕을 얼마나 하는지 알어? 내가 당신 아버님한테 품구 있는 생각 다 말하면 아마 당신 나 죽일 거야.
영하	그런 당신 감정 나 이해해. 아버님 잘못이 커어.
미숙	그런데 어떻게 날더러 모시래? 그게 무슨 지독한 짓이야?
영하	여보.
미숙	끔찍이 이뻐구 끔찍이 대견한 큰며느리 작은며느리 다 뭐 하구, 왜 내가 그걸 맡어야느냐구?
영하	(올라서) 내가 하구 싶어 내가. 내가 해드리구 싶어 그래. 그거 모르겠어서 이렇게 악악거려? 내가 해드리구 싶단 말야. 삼형제 중에 젤 속 썩여드린 자식 나야! 공부 제대루 안 하구 쌈판만 벌이구 다니면서 스무 살 넘게까지 아버지 경찰서 들락날락하게 만들어드리구 체면 깎아드리구,

미숙	(O.L) 머리에 피두 안 말랐을 때부터 떡장사 딸이랑 연애하느라 정신빠져 대학두 못 가구! 그래 알아, 당신이 젤 속 썩여드린 것두 알구 그게 후회돼 속 아픈 것두 안단 말야.
영하	안다면서두 안 해줄래? 알면 해줄 수 있는 거잖어!
미숙	글쎄 큰아들 둘째아들은 뭐 하구 왜 우리가,
영하	(O.L) 형님들 얘긴 하지 마! 원래 잘난 사람들 아냐!
미숙	우린 막내야!
영하	그거 꼭 그렇게 따져야겠니?
미숙	왜 안 따져.
영하	…… (보며)
미숙	왜 안 따져, 따져야지.
영하	…… (보며)
미숙	왜 안 따져. 따져야는 건데?
영하	헤어지자.
미숙	? …… 뭐라구?
영하	(불끈 일어나서 창문 열어젖히고 자신의 옷가지들 뽑아 방바닥에 던지기 시작한다)
미숙	…… (멍해서 보며)
영하	(가방 꺼내놓고 옷들 구겨넣는다)
미숙	여보…… 의식 아빠…… 여보!

S# 44 아파트 앞

억수로 쏟아지고 있는 비.

입구에서 나오는 가방 든 영하.

뒤따라 나오며 악쓰는 미숙.

미숙   큰형님 작은형님은 다 뭐 하구 아버님 대소변을 왜 내가 받아
야 해! 내가 왜! (영하, 미숙이 잡는 손 뿌리친다. 따르며) 그런
법이 어딨어! 난 죽어라구 미움만 받았지 아버님한테 받은 거
아무것도 없는데에! 아무것도 없는데 내가 왜애애! (울며불며
차에 오르는 영하 잡으며) 얘기 좀 해! (뿌리친다. 다시 잡으려
하며) 여보!

영하   (냉혹하게 차문 닫고 시동 건다)

미숙   (두드리며) 얘기 좀 하자구우! 얘기 좀 하잔 말아아!

자동차 부웅 뜬다.

미숙   …… (보고 있다)

제2부

S# 1 아파트 놀이터

아이들 왁자지껄 히히덕거리며 드잡이.

그 가운데 의식, 누구에게도 지지 않는다.

S# 2 아파트 거실과 테라스

정돈된 상태의 거실에서 카메라 테라스로.

신문지로 바닥을 잔뜩 깔아놓고 작은 사이즈의 창틀 기대어 놓

고 페인트 마지막 손질하고 있는 중이다.

미숙 …… (심란함이 극에 달해서 노려보듯 하는 얼굴로 붓질하다

가 돌연 페인트통 속에 거칠게 붓 처넣고 거실로 내닫는다)

...... (전화 들고 다이얼 빠르게 찍는다)

(E) 벨 가는 소리.

청년 (F) 네에, 하늘태권돕니다.

S# 3 태권도장

신장개업 준비로 한창 바쁜 도장.

매트를 깔고 있는 중이라든지 또는...... 영하, 이것저것 지시하고 있다.

청년 (사무실 쪽에서 소리친다) 관장님! 댁에서 전화 왔는데요!

영하 (돌아보며 아무렇지도 않게) 지금 바쁘다구 나중에 건다 그래.

S# 4 아파트 거실

미숙 (전화에 화낸다) 나두 바쁜 사람이라구 빨리 받으라 그래요!
......

S# 5 아파트 입구

미숙 (화가 있는 대로 나서 나오고 있다)

S# 6 놀이터

미숙 (나타나며) 의식아! 의식아아! 의식아아아!

의식 (정신없이 놀다가 뛰어나온다. 헐떡이며 와 서서) 왜요 엄마?
(헐떡헐떡)

미숙 어이그으으. 뭐가 될 건지 정말. 피는 못 속여. (잡아채며) 옷이 이게 뭐야! (괜히 구박) 하루 몇 벌야 대체!

S# 7 도장 안

횡뎅그레 넓은 도장 한복판에 풀 샷으로 멀리 막대기 두 개처럼 마주 선 부부. 영하 바지주머니에 두 손 찔러넣고 보고 있고, 미숙은 두 주먹 꽉 쥐어 약간 올리고 쌈닭처럼. 비어 있는 넓은 공간에 약간 울리는 대사.

미숙   왜 전화 안 받어요. 왜 전화두 안 받느냐구우! 세상에, 당신이 나한테 이럴 수가 있어요? 한마디 툭 던지구 나가선 몇 날 며칠 들어오지두 않구 전화두 안 받구. 그렇게 잘났어요? 뭐가 그렇게 잘났는데!

영하   (흥분하지 말고) 못났으니까 이래. 잘났으면 마누라 하나 어떻게 못하구 이 꼴이겠어? (하며 돌아서려 한다)

미숙   (잡아채듯 팔 잡아놓고 앞으로 서서, 잡아채면서 카메라 사이즈 변동) 그래서 진짜루 헤진다는 거야? 당신 아버님 안 모셔주면 나랑 그만 살겠다는 거냐구.

영하   (아직도 부드럽다) 삼형제 다 같이 아버지 안 모시면서 한 이불 속에서 마누라랑 잠자는 나쁜 놈, 나 될 수 없어.

미숙   아주버님들이 해야 할 생각을 왜 오지랖 넓게 당신이 해애!

영하   (O.L) 형들두 나랑 같애.

미숙   그런데 왜 안 모신대.

영하   들어가라. (돌아서려 하며)

미숙   (잡으며) 형님들두 이혼한대, 두 집 다?

영하	세 집이 다 이혼할 필요 뭐 있니. 나 혼자만 하면 되지.
미숙	(빽 소리 지르며) 이혼하구 어떡할 건데! 아버님 모셔준다는 기집애 어디서 기다리구 있는 거야?
영하	(피식, 얼굴 돌리며)
미숙	어디서 잤어. (다가들며)
영하	여관방에서.
미숙	혼자 잤어?
영하	(불쾌해져서) 말 같잖은 소리 그만하구 들어가.
미숙	이혼하는 목적이 뭐야. 이혼하구 어떡할 거냐 말야.
영하	아버지 돌아가실 때까지 나 혼자만이라두 모시구 살려구 그래. (좀 올라서) 왜.
미숙	효자 났구나…… (보다가 눈 가늘어지며 비웃듯) 하늘이 낸 효자야.
영하	…… (가만히 보다가 출입구 쪽으로)
미숙	(잡으며) 어디 가!
영하	(손 좀 거칠게 떼어낸다)
미숙	얘기하다 말구 어디 가냐구!
영하	더 할 얘기 없어. (좀 올라서)
미숙	왜 없어. 위자료 얘기두 해야구 의식이 문제두 있구, 이혼할래믄 위자료 줘얄 거 아냐.
영하	(나가다 돌아보며) 전부 다 너 가져, 난 아무것도 필요 없어.

S# 8 도장 빌딩 계단

미숙   (앞서 내려오고 있는 영하 뒤따라 종종걸음으로 따라 내려오면서) 어떻게 나한테 이럴 수가 있어 응? 도대체 이날까지 난 당신 뭐였단 말야! 우리가 만나서 이날까지 기막힌 역사는 다 쓸데없는 거야? 우리, 결혼식두 안 해줬어 당신 집. 우리 어떻게 살았어. (잡아 세우며) 어떻게 살았는가 한번 생각해봐. (마침 다음 계단으로 연결되는 사각 공간이다) 우리 둘이, 우리 단 둘이 고향 쫓겨나서 부산으로 장항으루 여수루…

영하   (O.L) 그만둬.

미숙   (O.L) 엉엉, 맨날 콩나물만 먹으면서, 엉엉, 콩나물두 애끼느라구 콩나물 가닥 세 먹다시피 하면서 살어 이제 겨우 사람 비슷하게 산다 싶은데 엉엉.

빌딩 사람 두셋 지나치며 돌아보고.

영하   (미숙의 어깨 안아 한옆으로 비켜주면서 O.L) 그만해.

미숙   (상관없다. O.L) 이날까지 단 한 번두 좋은 얼굴 안 하시구 아직두 내 아들 신세 망친 년 저녀언.

영하   미숙아 미숙아.

미숙   (상관없다. O.L) 그런 아버님 안 모신단다구 날더러 헤어지자는 게 말이 돼? 그런 경우가 어딨어. 도대체가, 엉엉엉.

영하   (또 다른 사람들 내려오는 기척, O.L) 그만 조용해, 문 열기두 전에 망신부터 시킬래?

미숙   (아예 주저앉으면서) 어엉엉엉엉엉, 아으으 허무해애애, 아으으 억울해애애애.

S# 9 근처 카페

미숙 (훌쩍이면서 *끄덕끄덕*) 알어. (*끄덕끄덕*) 당신 맘 알어. 당신 아버님이니까. 우리한테 아무리 심하게 하셨어두 당신 아버지니까. 당신은 자식이니까. 그거 알어. 나 모르지 않는단 말야.

영하 …… (시선 내리고) ……

미숙 그리구, 당신이 망난이짓 많이 해서 아버님 망신스럽게두 해드렸구 또 … 대학두 못 가서… 재혼두 안 하시구 혼자서 자식들 키워내신 아버님…… 실망두 많이 시켜드렸구…… 부모 돌아가셨을 때 젤 서럽게 우는 자식이 젤 불효한 자식이라구 하잖어…… 당신이 아버님 모시구 싶어 하는 맘 나… 알래믄 알 수 있다구. (하며 시선 들어 본다)

영하 (보고 있다)

미숙 (얼른) 그렇지만 난 정말 싫어. 자식이 당신 하나라면 의무 땜에라두 별수없다지만…… (톤 바꿔서 새삼스레 안타깝게) 여의도 광장에 사람 모아놓구 한번 물어봐. 내가 이상하구 못된 인간인가.

영하 너…… 당신, 다른 거 다 그만두구… 장남이니 차남이니 그런 거 그만두구, 아버지가 너를 어떻게 대접하셨나 그런 것두 따지지 말구, 그냥 날 위해서…… 나만을 위해서 눈 딱 감고.

미숙 (O.L) 감기는, 자다가두 눈이 번쩍 떠질 일인데 이이는. 싫어, 그렇게 못해.

영하 …… (보며)

미숙 싫어.

영하   날 위해서라면 죽기라두 하겠다구 수없이 한 말은 그러니까 다 헛소리였구나. (쓸쓸하게)

미숙   당신 땜이라면 죽기라두 해 지금두. 정말야.

영하   형들한테 내가 모신다구 말했어. 내 소원야. 죽는 것도 아니구 아버지 좀 모셔달라는데…

미숙   (O.L) 죽는 건 순간이니까 간단해. 차라리 죽으래. 이혼할래믄 해. 이혼당해두 난 싫어.

영하   …… (보며)

S# 10 미숙의 친정어머니 집 마당

항아리에 물 끼얹고 있는 친정어머니 위에.

(E) 삐그덕, 대문 거칠게 여닫히는 소리.

미숙 모   (돌아본다)

미숙   …… (뿌우해서 터덜터덜 들어와 마루로 가 털벅 걸터앉는다)

미숙 모   (올망졸망한 항아리 내놓고 물 끼얹던 바가지 들고 딸 뻐언히 보고 있다가) 왜 상오가 그 모양이냐. 주둥이 좀 불러들여. 오 더 복두 달아나겠다.

미숙   (O.L의 기분으로 대들듯) 자기 아버지 날더러 모시래요 이서 방. 죽어두 싫댔더니 이혼하자구 집 나가서 오늘 나흘째예요.

미숙 모   …… (바가지 한 항아리 아구리에 엎어놓으면서) 상오 편케 안 생겼구먼. (혼잣소리처럼)

미숙   지금 남의 얘기예요?

미숙 모   (앞치마에 젖은 손 물기 닦으면서) 의식인 어떡하구 혼자 왔어.

미숙   놀다 죽은 귀신이 씌었는지 (일어나 방으로 움직이며) 친구네 가 있는대요.

S# 11 친정어머니의 방

미숙   (들어와 다짜고짜 아랫목 깔개 속으로 들어가 옆으로 픽 눕는다) ……

미숙 모   (들어와 서서) …… (잠시 딸 내려다보다가 벗어든 치마 적당 히 놓고 풀썩 앉아 젖은 양말 벗으며) 그렇게 될 줄 알았다.

미숙   왜요.

미숙 모   접때 너 와서 그랬잖아. 그래 퇴원은?

미숙   몰라요. 부아나서 병원에두 안 가니까.

미숙 모   자알한다, 싹수 없이.

미숙   이혼하는데 병원엔 뭐 하러 가요.

미숙 모   (O.L의 기분으로) 시끄러…… 이서방 애멕이지 말구 니 앞으 루 차려진 밥상, 마다 말구 받아 먹어.

미숙 모   (E) (황당해서 일어나는 미숙 위에 연결) 돌밥이든 흙밥이든.

미숙   엄마. (어떻게 그런 말을 해? 기막혀서)

미숙 모   니 밥상이야.

미숙   그게 왜 내 밥상이에요, 청담동 밥상이지.

미숙 모   니 남편이 들어다 니 앞에 놓구 먹으라니 니 밥상이지 뭐야.

미숙   머저리같이 그 밥상은 왜 자기가 들구 들어와요, 글쎄.

미숙 모   세 자식이 하나같이 다 나 몰라라 하면 사둔은 어떡하니 그럼. 길바닥에 나가 누워 있어?

미숙   엄마는.

미숙 모 (O.L) 다 내세울 이유 있구 핑계 있는데 너만 그게 없으니 니
        차지가 당연하지 뭘 그래.

미숙   (올라서) 막내가 왜.

미숙 모 막내 막내 들먹이지 마. 막내는 그 부모 몸 안 빌리구 어디 하
        늘에서 뚝 떨어졌다는 게야 뭐야 얘가. 부모가 오두갈 데가 없
        는데 첫찌 두찌 막내, 그거 따지다가 새벽닭 울게 할래?

미숙   엄만 내가 그거 하는 꼴을 보구 싶수?

미숙 모 그래 엄청 보구 싶다. (보고 싶어서가 아니다) 망할 년.

미숙   이서방 불러다 야단 좀 쳐달라구 왔단 말예요!

미숙 모 너두 늙는다, 삼십 년 사십 년 잠깐이야.

미숙   엄마 늙는 것두 보구 있잖아요. 알아요.

미숙 모 너두 자식 키워. 며느리 본다구.

미숙   우린 양로자금 따루 만들어 자식 신세 안 지구 살 거라구요.

미숙 모 늬 시아버지는 그 괴팍한 성미에 몸 성한데 자식 귀찮게 할 양
        반이냐?

미숙   …… (대꾸할 말이 없다)

미숙 모 그러는 거 아니다. 그 어른 없었으면 이서방두 의식이두 없다.
        그저 그거 한 가지만이라두…

미숙   (O.L) 엄마 그럴 거 없어요. 얼마나 고약한 양반인데요. 엄말
        사둔으루 치기나 하는 줄 알아요?

미숙 모 내가 것두 모를 등신이냐?

미숙   그런데 왜 둘둘 싸요 싸긴.

미숙 모 (아무렇게나) 나두 늙은이 아니냐.

미숙 …… (흘기듯 쏘아보며)

S# 12 아파트 전경 / 완전한 밤. 스산한 바람, 짧게

S# 13 욕실

미숙 (발가벗은 아들 김 오르는 물이 반쯤 담긴 욕조 안에 세워 구
부리게 하고 샤워 꼭지로 머리의 비누 씻어내는 중. 자꾸 머리
드는 의식) 가만있어. 움직이지 말구.

의식 눈 따가워요오. (다시 움직이며)

미숙 (가볍게 철썩 갈기며) 괜찮어, 안 죽어.

의식 히이이잉.

미숙 이게 무슨 소리야? 오늘 당나귀하구 놀았어?

의식 아빠 오늘두 안 오세요?

미숙 안 오셔.

의식 어디루 출장 가셨는데요?

미숙 여기저기 여러 군데. (하다가 화내듯) 니가 건 알아서 뭐 해.
(하며 샤워 잠그자)

  (E) 벨소리가 울리고 있다.

의식 (고개 번쩍 들며) 아빠다.

미숙 ? (그런가 싶어서 급히 타월 아들 머리에 씌워주며) 오래 닦어.
알았지. 오래 닦어. 그리구 큰 수건 감구 나와.

의식 아빠처럼. (아빠처럼? 이 아니고)

미숙   그래 아빠처럼. (하며 이미 나간다)

S# 14 거실 주방

미숙   (나와서 급히 현관으로 가는데)

         (E) 다시 우는 벨.

미숙   누구세요?

은비   (E) 엉…… 나.

미숙   (문 연다)

은비   (어쩐지 약간 덜 떳떳하며 들어온다. 주스 박스 들고) 없는 줄
         알았네.

미숙   웬일야, 예고도 없이. (웃음기 없이. 반가울 거 없다)

은비   병원에서 볼 수가 없어서. (주스 내민다)

미숙   (대꾸 없이 받아 들고 주방으로)

은비   (등 하나만 켜놓은 거실) 불 좀 켜. 이 집은 밤낮 침침해.

미숙   (주방 불 켜며 뒤틀려서) 가난에 찌든 집안 출신이라서. (돌아
         보며) 이리 와 앉어.

은비   (식탁에 핸드백 놓으며) 골나 있는 줄 알았어.

미숙   뭣 땜에.

은비   팔자에 없는 고생 하게 생겼는데 골 안 나니? 골나지.

미숙   (입 들썩이는 위에)

은비   (E) (연결) 큰오빠 둘째오빠 뭐 하구 막내오빠가 맡니. 말두 안
         돼. 둘 다 등신야.

미숙   (정색으로) 얘 나 아냐, 아예 그렇게 결정된 걸루 그러지 마. 나

안 모셔. (하는데 의식, 큰 수건 서툴게 둘둘 감고 작은 수건 하나 들고 주방으로)

의식 (O.L) 엄마아. (해놓고, 연이어 꾸벅하면서) 고모, 안녕하세요.

은비 응 그래, 잘 있었니?

미숙 (O.L, 의식의 작은 수건 빼내서 머리 박박박박 몇 차례 더 닦고) 들어가 옷 입어. (밀듯이)

의식 네. (제 방으로)

미숙 (의식이 두 발짝도 떼기 전에) 건 그이 혼자 생각야. 나는 아냐. (싱크대로)

은비 …… 그러니?

미숙 (주전자 뚜껑 열며) 차 마실래?

은비 그래 아무거나 뜨겁기만 함 돼. (하며 의자 빼낸다) 안 그래두 어떻게 그런 어려운 결심을 했나 그러믄서……

미숙 (물 받으며) ……

은비 (E) (물 받는 미숙 위에) 오빠가 끔찍끔찍하게 널 사랑한 보답을 받는구나 그랬어.

미숙 (물 잠그고 돌아보며) 니 말 우습다, 보답이라니? 끔찍끔찍하게 사랑 니 오빠만 했니? 나두 했어 야 나두.

은비 신경이 날카롭구나.

미숙 나한테 그렇게 근사한 말 안 어울려. 지랄났다 그래. (주전자 가스에 올리고 불 켜며) 아무 상관 없으니까. (은비에게 등 돌려 보이는 채)

은비 너 이해해.

미숙	(O.L, 돌아서 의자로) 이해두 필요 없어. (의자에 픽 앉으며) 우린 이혼하니까.
은비	? 뭐?
미숙	(안 보며) 이혼한다구.
은비	…… (보며)
미숙	(은비 똑바로 보며) 이렇게 불공평한 일이 어딨니? 잘나구 유능한 사람들 다 어디 가구 왜 이런 일은 출세 못해 집안 챔피덩어리인 우리가 떠맡아야느냐구.
은비	누가 그렇게 생각해애.
미숙	하. 누가 그렇게 생각해애? (하는데)
	(E) 전화벨 O.L.
미숙	(일어나 거실로 나가면서) 너두 그렇게 생각하잖어.
은비	얘 너는 (하는데)
미숙	(O.L) 니가 나 같으면 남편이 모시잔다구 그러자겠니? 솔직히 양심적으루 대답해봐. 니 아버지라 생각 말구.
은비	(무슨 말인가 하려는데)
미숙	(E) (곧장 연달아서) 네. (뚝뚝하게 전화 받는)
미숙	네, 저라구요.

S# 15 수진의 거실

수진	너무 염치가 없는 거 같아서 며칠 망설였어…… 아니 속상하구 화난 건 알겠는데, 내 말 들어줘 동서. 이건 변명이 아냐. 나두 정말 심각하게 이 궁리 저 궁리 안 해본 건 아닌데, 우리 친

정두 내가 말을 다 안 해서 그렇지 복잡한 집안이야. 내 입장이 맏며느리 노릇을 할래야 할 수가 없는 사정이니 어떡해. 아무리 생각해두 도저히 우리 엄마더러 시아버님 모셔야 하니까 따루 나가주십사는 말씀은 드릴 수가 없으니…… 뭐라구?

S# 16 미숙 거실

미숙 잘못 아신 거라구요. 나 아버님 못 모셔요. 길게 말씀하실 거 없다구요. (하며 수화기 놓으려다 상대편 말 때문에 도로 귀에 붙이며) 네, 못 모셔요. 그이 혼자 자기 멋대루 그런 거지 나랑 상관없다구요…… (듣다가) 형님 일인데 날더러 어떡하냐면 어떡해요. 끊어요. (퍽 끊고 주방 식탁으로 가서 주전자로 가다 문득 돌아본다)

은비 (한 손으로 이마 고이고 소리 없이 얼굴만 우그러뜨리고 울고 있다)

미숙 …… (은비 보면서)

S# 17 은행잎이 샛노랗게 떨어져 있는 길

고개 푹 꺾고 걸어오고 있는 미숙.

미숙 …… (한동안 그대로 걷다가 문득 걸음 멈추고 나무 꼭대기 올려다본다)

이파리가 성긴 고목에서 바람에 후루루루 지나는 행인과 미숙 위로 떨어져 내리는 은행잎.

미숙 (시선이 저만큼 멀리로 움직여가면)

60대 미화원 은행잎 쓸고 있는 고달프고 쓸쓸한 모습…….

S# 18 태권도장 사무실

영하 (책상에 앉아서 장부 정리 비슷한 것 하고 있는데)

(E) 문 여닫히는 소리.

영하 (돌아보고 도로 책상으로 고개 돌리는데)

미숙 (다가오자마자 한주먹으로 냅다 영하 뺨 근처 갈긴다)

영하 (얻어맞고) ? (하며 몸 일으키는데)

미숙 (독 있는 대로 올라서) 그래 내가 졌다. 내가 졌으니까 오늘부터 집에 들어와, 이 나쁜 인간아!

영하 …… (보며)

미숙 (울음 터지며) 귀먹었어? 내가 졌다니까! 져준다고! 이혼 겁나서가 아니라 십삼 년 역사 아무것두 아닌 거 만들기 허무해서 지는 거라구!

영하 여보. (팔 벌려 들며)

미숙 (그 손 모질게 쳐내면서) 그렇다구 내가 아버님한테 잘할 거란 기댄 천만에 하지 마. (계속 안으려는 남편 밀어내고 떼어내면서) 잘할 자신두 없구 잘하구 싶지두 않어! 잘해? 구박구박할 거야. 당신 나가구 나면 눈 흘기구 꼬집어 뜯을 거란 말야! 나한테 심하게 하셨던 복수 할 거란 말야. 톡톡히 복수할 거라구우! (남편 가슴에 얼굴 묻고 운다)

영하 (아내 안고 머리에 얼굴 묻듯이 하고) ……

S# 19 태권도장 근처 길

미숙   방은 어떻게? 우리 방 내드려?

영하   (잠깐 돌아보며) 뭐 그렇게까지. 의식이 현관방으루 옮기구 의식이 방에 계시게 하지. 우린 짐두 많구.

미숙   안방 드리구 싶음 드리자구. 나중에 딴소리 말구.

영하   그 방이 그 방인데 뭐. 커봤자 얼마나 커. 아버지 짐두 없구……

미숙   …… (보며 뒤 발짝 움직인다) 어이그으 웬수.

영하   (웃는다)

미숙   마누라 잡아놓구 그렇게 웃을 수 있어서 좋겠다. 뻔뻔스러.

영하   나, 배고프다.

S# 20 근처 우동집

미숙   (나무젓가락 짝 가르다가 문득 남편 올려다본다) 결국 내가 이렇게 나올지 알구 있었지?

영하   (메뉴판 보다가) 음? …… 음 그럼. 니가 나 없이 어떻게 살어. 자신 있으니까 했지.

미숙   어이그으 웬수우.

S# 21 의료기 가게

부부   (소변기와 대변기 고르고 있다)

영하   (대변기 이리저리 보면서) 아버지 정말 싫으시겠다.

미숙   (힐끗 보고) …… (딴청) 이거 얼마씩이에요?

S# 22 아파트 창들 / 밤

S# 23 욕실 앞

영하 (의식 앞세워 나오면서) 빨리 옷 입어 빨리, 취.

의식 네. (신나게 현관방 쪽으로 뛰는데 수건 홀렁 벗겨져 내려 알몸
이 된다) 어어.

영하 아하하하.

의식 (수건 도로 집어 가리면서) 에에이. (제 방으로)

영하 아빠가 해준다니까 말 안 듣더니.

의식 나두 잘한단 말이에요.

영하 아 그래 됐어 됐어. 빨리 들어가 옷 입어, 감기 들어. (하고 안
방으로)

S# 24 안방

영하 (들어오며) 여보 옷. (하다 보면 아내는 없고 갈아입을 옷은 꺼
내져 있다. 옷 집어 들며) 여보! 어딨어?

S# 25 이교장의 방(의식의 방이었다)

미숙 (손재봉틀로 요껍데기 가장자리 박음질하고 있다. 이미 만들어
진 것 뒤 장 아무렇게나 밀쳐져 있고) ……

영하 (문 열고) ……뭐 해?

미숙 눈은 어디 출장 보냈어? 보믄 몰라?

영하 (들어온다) 뭐 하는 건데.

미숙	울 엄마 포목점에 돈 줬다 못 받구 돈 대신 받어온 융 얻어다 논 거 아버님 요껍데기 이불껍데기 만들어 왜.
영하	…… (보며)
미숙	환잘수록 깨끗해야잖어. 미국 사람 침대처럼 안 꼬매구 그냥 씌워 접어 넣었다가 빼 빨구 그럴 거야.
영하	그거 만들어논 건 없니?
미숙	돈 많네에? 융으루 만든 게 어딨어. 있어두 다 면이지. 면보단 융이 따뜻하구 보드라워.
영하	(어깨로 손이)
미숙	(털어내며) 왜 이래.
영하	(손 다시 올리며) 넌 퉁명부릴 때가 더 매력 있더라.
미숙	(흘기며) 에에.
영하	(덥석 안고 쓰러뜨리려)
미숙	(밀어내며 펄쩍) 주책이야. 의식이두 아직 안 자는데.
영하	가만있어어.
미숙	애한테 들킨다 이제. 들킨다… (하는데)
의식	(E) (발소리와 함께) 엄마아!

펄쩍 떨어지는 두 사람.

미숙	어엉, 왜애.
의식	(E) 숙제 검사해주세요오.
미숙	어엉, 아빠가 하실 거야. (흘기며) 나가요 빨리.
영하	(쥐어박는 시늉 하며) 것두 안 해놓구 뭐 했어. (작게)
미숙	으응, 으응. (아이구 웃겨)

S# 26 병원 주차장

병원 주차장에서 병원 건물로 향해 가는 영하 부부.

옷이 약간 두터워졌다.

영하　…… (걸으며 아내 옆으로 둬 번 살피다가) 웃어라 웃어.

미숙　(미워서) 밸 빠졌어? …… 웃게 생겼어?

영하　그럼 그렇게 뷔터진 얼굴루 아버지 모시구 갈 거야?

미숙　……

영하　결심하구 각오했음 끝난 거 아냐.

미숙　(걸음 멈춰 마주 보며) 좋아 좋아 하니까 별 주문을 다 하네. 날 더러 연극배우 노릇까지 하란 말야? 속은 뷔터져 있는데 거죽은 생글생글 그러란 말야?

영하　생글생글까지는 아니더라두…

미숙　(O.L) 싫은 걸 뭐 어떡해. 죽기보다 싫은 걸. (먼저 썩썩 가면서) 난 이중성격 아냐.

영하　(멈춰 선 채 보며)

S# 27 입원실 복도

미숙　(성큼성큼 오다가 잠깐 멈췄다가 다가간다)

입원실 앞 복도 벽에 기대듯 서 있던 수진과 인애, 벽에서 몸 뗀다.

미숙　왜 여기 계세요?

인애　(수진은 외면하고) 다른 성은 못 들어가구 경주 이씨만 들어갈 수 있어. 동선 아마 들어가두 될걸?

수진	(O.L) 그게 아니라 거북해서 나와 있는 거야. 나랑 이 사람은 아버님 뵙기 영 거북한 입장이잖아.
인애	누가 모시기 싫어서 안 모신다는 건가아. 모실 수가 없는 형편인 걸 어떡하냐구.
영하	(나타나면서 O.L) 왜 여기들 계세요.
미숙	들어가요.
영하	(잠깐 어쩡쩡하다가 입원실)

S# 28 입원실

영하	(들어오는 위에)
은비	(E) 아버지…… (울며)
은비	…… 왜 막내오빠네루 가셔야 하는지 이해하시죠?
이교장	(입 꾸욱 다물고) …… (아무도 안 보면서 양복 다 입고 앉아 있다. 휠체어 놓여 있고 짐도 꾸려져 있고)
은비	(E) 네? (고개 떨구고 있는 장남 위에) …… 네? 이해하시죠? (외면한 차남 위에) …… (아버지 보는 영하 위에) 아버지 뭐라구 말씀 좀 하세요오.
영하	(나서려 몸 움직이며 입 떼려 하는데)
이교장	(E) (O.L의 기분으로) 싫다.
영하	아버지. (나서며)
이교장	(O.L) 양로원으루 가지.
은비	(소리 나는 울음으로 터지고)
준하	(이교장의 대사에 연결) 아버지이.

이교장	양로원으루 가지.
윤하	아버님.
이교장	(O.L) 양로원으루 가.
윤하	(크으 터지며) 용서하세요, 아버님.
이교장	(시선을 천천히 큰아들과 맞추고)
윤하	(E) (싸늘한 이교장의 위에) 용서하시구…… 크큭 이해해주세요 아버지.
윤하	도리를 몰라서가 아니에요. (극도로 자제하기는 하나 관리가 잘 안 돼서 쿡 크으 미치겠는 심정이 삐져나오면서) 책임회피루 생각하시지… 말아주세요. 저 맏자식입니다 아버지. 당연히 제가 해야 하는 일을 못하는 제 마음을…… 헤아려주세요 네?
이교장	양로원.
준하	(O.L) 아니 아버지가 왜 양로원엘 가세요. 양로원은 자식 없는 노인이 가는 데에요 아버지. 그거 모르세요? 아버지 자식 없어요? 영하가 모신다는데 양로원엔 왜 가세요.
이교장	(시선 작은아들로. 그 위에)
준하	(E) 양로원은 아무나 다 가구 싶다면 받아주는 덴 줄 아세요? 아버지 이건 순전히 즈이들 속 뒤집어놓자는 말씀이시지, 아니
준하	(연결) 양로원 얘긴 왜 하세요 양로원은요. 영하는 자식 아니에요? 영하가 모시겠다잖아요, 영하가.
이교장	(O.L, 벼락같이) 이놈아 싫어! 양로원 가!
영하	아버지이.
이교장	(O.L) 양로원 데려다줘. 거기 안 데려다줄 거면 (성한 팔 뻗쳐

휘저으며) 저거 저거 이리 줘 이눔. (전화 달라는 소리)

은비 (아버지에게 다가들며) 아버지이.

이교장 (O.L) 신문사에 전화할 테다 이눔들. 중풍 맞은 지 애비 거리루 내모는 놈들 여기 있다구 내 전화한다구우!

영하 (아버지 잡으며) 이러지 마세요. 아버지 이러시면 즈이 다 같이 괴로워요. (아버지에게 밀쳐지면서) 형편이 그런 걸 어떡해요. 아버지께서 이핼 하셔야죠.

이교장 (밀어내려 하며 O.L) 양로원 가, 양로원.

영하 아버지.

이교장 (O.L) 양로원으루 데려다줘어어!

준하 (O.L) 제가 모셔요 그럼 아버지. 제가 모신다구요. 그럼 됐어요?

이교장 양로워어어어언. (절규처럼)

준하 에에에에이. (픽 나간다)

S# 29 입원실 밖

준하 (픽 나오는데)

인애 (날름 놀라서 다가들며) 여보 왜 그래요?

준하 신문사에 전화하구 양로원 가신대. 됐어?

인애 ? (멍하고)

병규 (와 있다가) 신문사는 왜요.

준하 중풍 맞은 제 부모 거리루 내쫓은 의학박사 아들, 이사 대우 아들 공개망신시키신다는 말씀이지 자넨 그렇게 머리가 아둔해? (내뱉으며 가려 하는데)

인애   (O.L의 기분으로) 아유 참 아버님은.

준하   (순간 휙 돌아서 갈기려 하며) 뭐가 아유 참야 뭐가, (갈기려 하나 그보다 동작 빠르게 막는 병규 때문에 갈겨지지는 않으며) 뭐가 아유 참야. 이 여편네, 죽구 싶어? 죽구 싶어어! (하며 휘두르는 주먹에 애매한 병규가 코쭝배기를 얻어맞고)

병규   형님 형님 (하다가) 어이쿠우. (코 싸쥔다)

준하   (힐끗 보고 아내에게) 내 눈앞에서 꺼져, 보이지 마. 알어? (위협하고 성큼성큼 화면에서 빠지고)

병규   (코에서 손 내리는데 코피 주르룩, 수건 찾느라 이 주머니 저 주머니에 손 찌르는데)

미숙   (이미 가제 손수건 내밀면서) 고개 젖히구 계세요, 어디 타월 빌릴 데 없나 볼께요. (아웃되며) 고개 젖히세요.

병규   예 괜찮아요.

        구경꾼 같은 수진.

인애   아니, 저 사람 진짜 버릇되겠네. 응? 요새 걸핏하면 손 치켜들어요 형님.

수진   우리 십은 벙어리 시늉이야.

병규   (코 막으며 옆눈으로 두 여자 본다)

S# 30 병원 주차장

        휠체어에 태워진 이교장.

        윤하가 휠체어 밀고 다른 식구들 쭉 에워싸듯이 하고 따라오고 있다.

미숙 부부는 다른 사람들보다도 뒤 걸음 처져서 병원 짐 나눠 들고.

병규   (노인을 따로 모시고 있었을 때의 크지 않은 짐가방과 지팡이 들고 있다)

은비   (중절모자 하나 따로 들고 있고)

이교장   …… (입 꾸욱 실그러지게 다문 채) ……

영하, 먼저 뛰어서 승합차문 열어놓는다. 승합차 앞에 휠체어 멈추며.

윤하   준하가 모셔다드릴 거예요. 전 두 시부터 수술이 있어요.

이교장, 묵묵부답.

병규   (단장과 가방 차 안에 집어넣고)

준하   (아버지 안아내서 승합차로 옮긴다)

병규 거들고, 영하는 운전대로 올라 시동 걸고.

은비   (아버지 옆에 앉아 어깨에 팔 두르고 얼굴 묻고) ……

인애   (승합차로 오르면서) 아버님, 너무 언짢아하지 마세요. 못 모시는 즈이들 속두… (하는데 O.L)

준하   (E) 당신 내려.

인애   ?

준하   (차 밖에서 인애 끄집어 내리다시피 하면서) 당신두 갈 거 없어, 내려.

인애   형님은 약속 있다지만 난 아무것두 없어요.

준하   글쎄 이리 비켜. 집으루 가라구.

인애   (남편 쏘아본다)

준하	제수씨 타세요. 얼른 타세요. 찬바람 들어가요. (미숙 타는 것과 상관없이) 자넨 회사 가구 응?
병규	예. (승합차 들여다보며) 아버님, 그럼 자주 찾아뵙겠습니다.

이교장, 반응 물론 없다.

수진	(비켜나는 병규에 대신하듯 들여다보며) 아버님 죄송해요. 저 호주 가셨던 친정어머니 모시러 공항 나가야 해서 여기서 인사드려야겠어요. 내일 찾아뵐께요.
준하	(상관없이 차문 닫아버린다)
수진	(반짝 준하 치켜보고)
준하	(묵살하고 형 옆 지나 운전대로 가며) 가 돈 버슈.
윤하	(딴 데 보며 서서) ……

준하가 운전대 옆자리로 오르자마자 승합차 부웅 떠버리고 남겨지는 윤하 부부.

수진	…… (저만큼 섰는 윤하 옆모습 보면서)
윤하	…… (한동안 더 그대로 서 있다가 뚜벅뚜벅 제 차로 가 오른다. 곧이어 시동 걸린다)
수진	(자동차 있는 곳으로 움직인다) …… (자동차로 다 다가가 운전석 옆자리 쪽으로 문 열려고 손 뻗치는데)
윤하	(부웅 차 출발시켜버린다)
수진	? (황당해서) ……

S# 31 승합차 안

운전석의 영하와 준하, 묵묵히.

가운데 자리의 은비와 이교장…… 뒷자리의 병규와 미숙.

미숙 (창밖을 보면서) ……

은비 (E) 아버지, 모자 씌워드릴까요? (미숙 위에. 그 소리에 고개 앞자리로 돌린다)

미숙의 시각으로 은비, 중절모 아버지에게 씌워준다. 중절모가 씌워진 채 움쩍도 않는 이교장의 뒷모습과 애달픈 얼굴로 아버지 옆얼굴 보고 있는 은비.

차체의 요동으로 가늘게 흔들리면서…….

미숙 (측은해지는 마음 거부하듯 창으로 다시 고개 돌리고) ……

S# 32 승합차 옆으로 분주한 차량들(미숙이 내다보는 각도로)

S# 33 아파트 / 낮

S# 34 주방

미숙 (주전자와 컵 챙겨 들고 이교장의 방으로)

방 앞에서.

영하 (E) 용변이 보구 싶으시거나 뭐 부르실 일 있으면 이걸,

S# 35 이교장의 방

이교장 (눈 따악 감고 누워 있고)

영하 (오른편 머리맡에 쭈그리고 앉아서 바로 손 닿기 좋은 낮은 위치에 가설해놓은 초인종 단추 누르며) 누르세요. 이거 누르시

면 저나 에미나 금방 총알같이 달려올께요…… (보다가 마비
된 쪽 손 끌어다 작은 모래주머니 위에 얹으면서) 그리구 이건
에미가 모래 퍼다가 만든 주머니예요…… (미숙, 들어온다) 그
냥 놔두면 모양이 변한대나 봐요. 그러니까 항상 다른 손으루
마사지하시구 쉬실 땐 손 여기 올려놓구 계세요.

머리맡에 이교장의 가방과 중절모와 단장.

미숙   (쟁반 놓으며 시부와 남편 쪽 본다)

영하   (E) 큰형이 침선생두 보낸다 그랬구 마사지두 열심히 해드릴
께요. (팔 주무르며) 무엇보다두 아버진 의지의 한국인이시니
까…

영하   꼭 다시 한 번 회복해 보이겠다…… 보일 수 있다는 굳은 신념
을 가지세요, 네?

이교장   ……

미숙   물 드시구 싶음 여기 주전자 물 드세요, 영지 달였어요. 맛은
써두…

이교장   (눈 뜨면서 고약하게 O.L) 너는 노크할 줄두 모르냐?

미숙   …… (보며)

S# 36 아파트 밖 / 밤

S# 37 안방

어둠 속에 잠들어 있는 미숙 부부.

(E) 느닷없는 벨소리.

영하 (펄쩍 깨어 일어나 쏜살같이 뛰어나간다)

미숙 (같이 일어나서) …… (잠시 후)

영하 (E) (황당해서) 아버지…… 아유 아버지, 이게 무슨…… 아휴 아휴, 아휴아휴.

미숙 (스웨터 걸치고 서둘러 나간다)

S# 38 복도

영하 (E) (나오는 미숙 위에) 아휴유유, 이걸 어떡해요 아부지. 아 절 부르라고 말씀드렸잖아요오.

이교장 (E) 불렀잖아 이 녀석아.

S# 39 이교장의 방

영하 (출입문 옆쯤에 옆으로 버둥거리는 이교장 잡고 코를 못 들면서) 이러시기 전에 부르셔야죠오.

미숙 (들어오다 코 쥐며 기함을 하는 위에)

이교장 (E) 이 방에 화장실 하나 들여 이눔아.

영하 (E) 화장실 갈려구 하셨어요? 지금은 화장실 못 가세요 아버지. 대변기 소변기 갖다놨잖아요. 것두 혼자 하시긴 힘들 테니까 용변 보시구 싶음 즈이를 부르라구…

미숙 (O.L) 그만하구 먼저 옷부터 벗겨드려요. 이불두 버렸나 보구요. (나간다)

이교장 이불은 안 버렸다. (오기 창창)

영하 여보 어디 가.

S# 40 욕실

미숙   (입 틀어막고 뛰어들어와 구역질 두 번 하고 급히 대야에 물 퍼 담는다)

S# 41 이교장의 방 복도

미숙   (버려놓은 시아버지의 파자마와 속내의 둘둘 만 것 손끝으로 만 잡고 뛰어나오며) 왜액 왜액. (입 틀어막는다)

S# 42 이교장의 방

영하   (아버지 이불 속에 넣어 하반신의 이불은 걷어놓고 대야의 물수건으로 아랫도리 닦아주는 중이다)

S# 43 안방

어둠 속에서 눈 멀거니 뜨고 있는 부부……

(E) 이번에는 요란한 전화벨.

미숙   (일어나 받는다) 네에……? 왜 그러세요?

S# 44 인애의 거실

인애   (전화통 들고 와르르 부서지는 소리에 비명) 아으으으으. 사람 살려어.

준하   (주방에서 두드려 부수다가 썩 나타나며) 사람? 니가 사람이냐? 니가 사람이야? 니가 교육자야? (국수 미는 작은 홍두깨 들고 아무 데나 후려갈기며) 니가 전신이 고등학교 선생이었어?

인애	아으으으 술은. 저이가 왜 저래 정마알. (덥석 준하에게 등덜미 잡혀 끌려가면서) 아으으으, 동서 서방님 좀 빨리 보내줘! 이이 미쳤다구! 이이 미쳤다구우! (준하 전화통 뺏어 내던지고, 인애 안 되겠다 싶어) 아주 작정하고 들어왔구려! 작정하구 술 퍼먹었어요!
준하	그래애, 작정했다. (가슴 쥐어뜯으며) 여기가 찢어져어 이 여편 네야. 우리 아버지가 어떤 아버진데 이 여우 같은 여편네들. 우리 아버지 은비 갓난쟁일 때 혼자되셔서 평생 홀애비루 우리 사남매 키우신 분이란 말야. 이 순악질 여편네야. (방망이 휘두른다. 와장창창창)
윤식	(소리 내어 와앙 울고 있다가 달라붙으며) 아버지 아버지, 참으세요 참으세요.
준하	너어 이윤식!
윤식	네.
준하	너 장가가지 마, 알았어?!
윤식	네, 안 갈께요 아부지.
준하	장가가지 말라구. 절대루 가지 말라구. 너 이 자식 장가간다구 껍쩍거리면 나랑은 의절야!
윤식	네에 아부지. (울면서 달래듯 방망이 빼어내며) 안 가요, 안 갈께요.
인애	어으어으.
준하	어으으? (비호같이 아내에게 덤벼들고)
인애	아우우우. (머리 싸쥐고 주저앉는다)

S# 45 아파트 복도

난간에서 내려다본 아파트 주차장에서 뜨고 있는 영하의 승합
차. 미숙의 시각으로.

S# 46 겉옷 걸치고 내려다보고 있는 미숙

잠시 그대로 있다가 들어간다.

S# 47 침침한 거실

미숙, 들어와서 제 방으로 가는데 뭔가 작게 웅얼거리는 소리
에 멈추고 귀 기울인다.

S# 48 이교장의 방

이교장 (누워서 아내의 사진 가슴에 얹고 보면서 처얼철 울면서 작게)
…… 여보 …… 나 똥 쌌어어. 흐흐으으. 꼴이 말이 아니게 됐
다구우으으…… 쓰러졌을 때 데려가지 당신 뭐 하구 있었나아.
내가 이런 수모를 받아가며 사는 게 당신은 좋아아? …… 수모
지 그럼, 말할 수 없는 수모지이…… 여기이? …… 영희네 집이
야아. 왜 여기 와 있냐구는 묻지 마아…… 묻지 마아…… 묻지
마아……

S# 49 복도

미숙 ……

(F.O)

S# 50 거실 / 며칠 후

미숙 (무릎 꿇고 마루 걸레질 열심히 하는 중인데)

(E) 문소리.

의식 (코 막고 나타나서) 엄마아.

미숙 (닦으며 돌아보지 않은 채, 숨 조금 가빠하며) 왜.

의식 할아부지.

미숙 (휙 돌아본다)

의식 화장실 가신다구 붙잡으라구 하셔서 붙잡았는데 넘어지셔
서…… (제가 싼 것처럼 기죽어서)

미숙 (맥빠져서 퍼질러 앉는다)

의식 어이이 참 왜 그러시지 날마다. 어이 쿠려.

미숙 (소리는 죽여서 아들 잡아먹을 듯) 엄마 부르지 왜애애.

의식 못 부르게 하셨단 말예요.

미숙 니가 할아버질 어떻게 화장실루 모시구 가. 니가 그걸 어떻게
해애. 아으으으.

S# 51 주방 / 시간 경과

미숙 (남편 밥상 차리고 있다)

S# 52 욕실

영하 (이교장 욕조 안에 넣어 씻어주고 있다)

이교장 (한쪽 성한 손으로 욕조 가장자리 꽉 움켜쥐고 아이처럼 앉아
있다)

영하	(묵묵히 정성스레 비누질해준다)
이교장	(문득) 도장은 잘되냐?
영하	? 예, 아주 잘돼요, 아버지. 먼저 동네서보다 훨씬 나요.
이교장	학생이 모두 몇 명이나 돼.
영하	칠십 명 갖구 시작했어요. 곧 백 명 넘을 거예요.
이교장	은비한테 집 팔지 말구 그냥 놔두라구 해라.
영하	? 은비는 판다 그러는데요.
이교장	죽기 생전 사택 주는 지방 근무만 한다든? 서울 올라오면 집 없으면 어디 들어가 살라구 팔어.
영하	…… 그럼 세놓구 가라 그래야겠군요. …… 네 알겠습니다…… (물 끼얹으며)

S# 53 거실 / 다른 날 낮

의식	(어질러놓고 숙제하던 중 고개 이교장의 방으로 돌리고 있다)

S# 54 이교장의 방

미숙	…… (있는 대로 올랐지만 참고 참으며 이불껍데기 요껍데기 벗겨 둘둘 말다가 터진다) 아버님 왜 이러세요 정말. 매일 한두 번씩 무슨 오기세요, 네? 애비만 없으면 꼭 이러시니 절더러 어떻게 살라 그러시는 거예요 대체! 벌써 한 달이라구요. 한 달 동안 매일이에요! 단추만 누르시면 되잖아요 단추만! 간단하게 단추 한 번 누르시면 되는 걸 왜 그걸 안 하시구 절 이렇게 앨 먹이세요, 네?

이교장 (새 이불 둘둘 감겨져 기대어 앉아서) 이년아, 니년 돔 받기 싫어 그런다. 망할 년.

미숙 아버님 저 싫어하시는 거 알아요! 그렇지만 여기 와 이렇게 누워 계시면서까지 저한테 심술 피셔야겠어요? 절 그렇게 골탕 먹이구 싶으세요?

이교장 (보며)

미숙 온 집안이 두엄밭 같단 말예요. 아버님은 안 나세요?

이교장 (보며)

미숙 (사정조) 누구 싶으심 절 부르세요. 단출 누르시라구요. 그럼 제가 와서 변기 넣어드리구 치워드린다니까요. (몇백 번을 한 소리다) 애비 있을 땐 하시면서 왜 이러세요 정말. 저 미쳐 거리루 나가게 만드실려구 그러세요? 네에?

이교장 니년한테 아랫도리 뵈기 싫어서.

미숙 ? …… (처음 아는 사실이다) …… (맥 빠져서) 안 볼게요, 아버님. 안 보구 해드릴께요. 안 보구 해드릴 수 있어요…… 이젠 부르실 거죠?

이교장 ……

미숙 저두 보구 싶지 않아요오…… 안 보구두 넣어드리구 빼드리구 할 수 있어요. 한번 해볼까요 지금? (맑게 보며) …… (보다가 반응 없자 다소 위협적으로) 싫으시면 기저귀 차세요. 기저귀 사다 드릴 테니까요…… (보다가 빨래 들고 일어서며) 침선생 오실 시간이에요. (문으로)

이교장 얼궈 죽여라.

미숙   아직 다 안 빠졌어요. 좀 참으세요. (나간다)

S# 55 욕실

미숙   (들어와 빨래 욕조에 던져놓고 수돗물 한껏 틀어놓고 지친 몸
       짓으로 욕조 가장자리에 걸터앉으며) …… (푸우우 한숨 내쉬
       는데)

의식   (E) 어, 아빠.

영하   (E) 어, 그래. 여보, 여보오?

미숙   (그대로)

영하   (욕실문 열며) 여기서 뭐 해? …… (사태 파악하고) 형님 오셨
       어. 나와.

미숙   (전혀 반가울 것 없지만 그래도 어쩔 수 없다. 일어나서 머리
       간추린다)

S# 56 거실

영하   (나오는 미숙에게) 큰형님이 휠체어 사왔어.

윤하   (휠체어 밀고 현관 쪽에서 이교장의 방 쪽으로 오면서 목례한다)

미숙   (목례)

영하   따뜻한 날 모시구 산책 나가기 좋겠지? (이교장의 방문 열며
       동의 구한다)

미숙   그러네요.

윤하   얘, 너 들어가 이거 같이 들어야겠다. (문지방에 걸리자)

영하   (들어가며) 아버지, 큰형이 아버지 휠체어 사왔어요.

S# 57 이교장의 방

이교장　(이불 감고 앉은 채 올려다본다)

영하　(썰렁함에 얼른 창문 쪽 보고 휠체어가 문턱을 넘자 곧장 창으로 가 닫는다)

윤하　저 왔습니다. 기분이 어떠세요, 아버지.

이교장　(뻐언히 올려다보다가) 기분이 죽이다.

윤하　…… (잠시 보다가 앉으며) 누우세요. 제가 마사지 좀 해드릴께요.

이교장　필요 없어.

윤하　…… (보다가) 그러지 마시구 의욕을 가지세요, 아버지.

이교장　무슨 의욕.

윤하　마음자세를 그렇게 갖구 계시면 침두 효과를 못 보구 마사지두 소용없어요. 아버님 스스루 무슨 일이 있어두 다시 일어나 걸어야겠다는 목푤 확고하게 세우시구…

이교장　(O.L) 쓸데없는 소리…… 오래 살어 뭐 하게.

윤하　아버지.

이교장　똥오줌도 못 가리면서 오래는 살어 뭐 해. (휠체어) 저딴 게 무슨 해당야. 돈이 썩는다. (일그러지며) 눕혀.

　　　　　형제 달라붙는다.

S# 58 거실

미숙　(외출복으로 나오며) 아빠한테 엄마 좀 나갔다 온다구 아빠 엄마 대신 집에 계시라 그래.

의식   어디 가시는데요?

미숙   니가 건 알어 뭐 해. (쏘아붙이고 현관으로)

의식   (뿌우우)

S# 59 덮어놓고 빠른 걸음으로 고개 약간 꺾고 부지런히 걷는 미숙

S# 60 미숙의 친정어머니 집 안방

미숙   (큰대자로 누워서 좀은 허탈해서) 세상에 기가 막혀. 나는 엄마, 나한테 심통 피우시느라 일부러 그러시는 줄 알았더니… 글쎄 어으 참. 나한테 거기 보이기 싫어서 그러셨대유. 푸우우우우. (투레질하듯)

미숙 모 …… (콩나물 다듬다가 딸 물끄러미 보며 있다가 다시 손 놀리며) 어이구우우우. (한숨)

미숙   (엄마 쪽으로 돌아누우며) 아니, 나는 뭐 아버님 거기가 보구 싶은 사람인가? 안 보구 이불 속으로 얼마든지 할 수 있는 거 아뉴…… (엄마 대꾸 없자 불끈 일어나며) 아니, 봐야 되다면 또 어쩌겠수, 봐야지. 몸 그래 갖구 누워서 그래, 며느리 내외하실 체면이 어딨어요. 날마다 싸면서 싸는 건 체면하구 상관없구 뵈는 건 상관 있는 거유?

미숙 모 (퉁명스레) 너는 사위한테 그 꼴 뵈구 싶겠냐?

미숙   내가 왜 그 꼴을 사위한테 봬요, 딸두 없는데.

미숙 모 (흘긴다)

미숙 (도로 펄썩 누우며) 다시 한 번만 안 부르구 그냥 싸시면 기저귀 채워드린다구 했어요…… 냄새는 얼마나 지독한지이?

미숙 모 아 시끄러, 그눔으 냄새 소리, 그 냄새 모르는 사람 어딨어서 올 쩍마다. 니 냄새는 향기롭냐?

미숙 아으으으, 용변 문제만 없어두 이렇게까지 머리가 지끈거리지는 않을 거 같아요. 어으 드러.

미숙 모 의식이 키울 때 의식인 아무것두 안 쌌어?

미숙 건 다르지 엄마아. (도로 일어나며) 의식이 껀 그렇게 드럽질 않았다구요. 냄새두 그렇게 지독하지 않구. 오히려 냄새 지독하면 애 어디 아픈 거 아닌가 이렇게 (손끝으로 비비는 시늉) 만져 조사하구 그러면서두 드럽다는 생각은 눈곱만큼두 안 들더라구요.

미숙 모 그래. 자식 모두 다 그렇게 키워. 너두 키워봐서 알면서, 그런데 그렇게 키워준 부모가 몸 성치 못해 누워 실수하는 건 그렇게 드럽구 못 참겠어? 에미두 운수 불길하면 그러구 누웠다 죽을지도 모르는데?

미숙 무슨 그런 얘길 해요. 하나두 징그러 죽겠는데. (질색)

미숙 모 식사는 여전히 잘하시냐?

미숙 잘 드세요. 영양가 있는 건 끔찍이두 잘 드시는데 뭐.

미숙 모 식사래두 잘하셔야지.

미숙 식사 많이 하셔야 내놓는 것만 많아요.

미숙 모 이게 무슨 소리야. 노인네 굶겨 죽일 년 아냐 얘가. (정색한 얼굴로)

미숙   (도로 눕는다) ……

미숙 모   전생에 잘못 만들어논 업 갚는 거라구 생각해.

미숙   엄만 또 그 소리, 전생 같은 거 알게 뭐예요 내가.

미숙 모   요새 것들은 왜 다 그 모양이냐. 옛날 며느리들은 싸는 시할머니에 노망난 시어머니, 시아버지 한꺼번에 모시면서두 속이야 어떻든 구린 입 한번 달싹 않구…

미숙   (O.L) 아으으으, 스트레스 좀 풀려고 오면 더 쌓여 더. (벌떡 일어난다)

미숙 모   (상관없다) 일어난 김에 어이 가 저녁 해.

미숙   …… (원망스레 보며)

S# 61 이교장의 방 / 한여름

돌아가는 선풍기. 그 위에.

수진   (E) 즈이 어머니두 건강이 그리 썩 좋지는 않으세요, 아버님.

수진   (기대어 있는 이교장의 다리를 아주 나긋나긋하게 인애가 주무르고 있고, 수진은 과일 칵테일 떠먹여주면서 연결) 이 여름에 글쎄 감기가 심해서 시흘 입원했다 나오셨어요.

이교장   (우적우적 먹는다)

수진   아버님께 안부드려달라구요. 즈이 엄마, 아버님께 진심으루 죄송하게 생각하세요.

윤하   (신문 펴놓고 있다가 힐끗 아내 보는 위에)

준하   (E) (O.L) 참 아버질 도오저히 이해 못하겠네요.

준하   (한쪽 구석에서 휠체어 펴놓고 영하와 함께 헝겊으로 바퀴 닦으면서) 아 이 좋은 걸 왜 방에서 그냥 썩이세요. 한 바퀴 휘이 돌아 들어오시면 기분두 훨씬 좋아지실 거구 건강에두 좋을 텐데요. 늬들은 그렇게 재주가 없니?

영하 아버지 당할 장사가 어딨어요.

인애 아유 참, 아주버님 성의를 봐서라두 아버님께서 애용을 해주셔야지 계속 그냥 놓구만 보실 거예요?

수진 답답하지 않으세요? 밖에 나가보구 싶지 않으세요?

이교장 그만 먹자. (고개 비키며)

수진 네. (그릇 내린다)

윤하 제가 모시구 나갈까요?

이교장 싫다…… 바보 같애.

윤하 아직두 그 생각 안 변하세요?

이교장 내 생각은 안 변하는 생각이야.

수진 (수건 들고) 아버님. (입가 닦아주려고)

인애 이리 주세요.

수진 괜찮아. (닦아준다)

영하 (그쪽 보다가 슬그머니 일어난다)

S# 62 거실

다리께에서 선풍기 돌아가고 있고 더워하며 9인분 저녁 지으면서 있는 대로 부어터져 있는 미숙. 한창 개구질 나이의 현식·윤식·의식 히히덕거리면서 의식의 방에서 쏟아져나와 온 집안을 미친 듯 뛴다.

미숙	의식아아!
애들	(멈추고)
미숙	(도라지 무치던 붉은 손으로) 빨랑 들어가. 안 들어가? 만화책 보구 조용히 있으라니까 왜 말 안 들어. 현식이 넌 형이 동생들 하나 조용하게 못하니? 무슨 형이 그래.
현식	네. 들어가자.
의식	엄마 우리 텔레비전…
미숙	(O.L) 안 돼, 들어가. 시끄러. (애들 방으로)
영하	(방에서 나와 화장실로 들어가려다 악쓰는 소리에 와 있다가 괜히) 왜 말 안 듣구 그래 늬들. 작은아버지한테 혼나보구 싶 어? (애들은 이미 아웃됐다. 아내에게 다가가며) 대충대충 적 당히 해. 신경 쓰지 말구.
미숙	……
영하	형들은 당신 된장찌개 하나만 있어두 맛있다 맛있다 두 그릇 먹는데 뭘 그래.
미숙	(무치던 나물그릇 탁 놓으며) 당신네 식군 하나같이 왜 그렇게 무신경하니. 왜 꼭 밥 때 맞춰 오냐구. 것두 단체루. (큰 소리는 못 낸다)
영하	주말밖엔 시간이 안 나잖어들.
미숙	점심 먹구 저녁시간 전에 왔다 감 되잖어. 아니 매일같이 스물 네 시간 스트레스받구 살면서 허리 부러지게 자기네들 단체 밥 까지 해 바쳐야 해? 아무것두 안 하구 두 다리 쭉 뻗고 살면서 어이그 정말 기통 맥혀. 아버님 아버님, 아버님 아버님, 호호 하

하 벌써 몇 달째야. 아홉 달째야. 순 얌체들, 접시 하나 안 닦아 주면서! (거칠어진 손에 그릇 하나가 툭 건드려져 떨어져 와싹 깨진다) ······ (내려다보며)

영하   거봐, 화내니까 그렇지이.

미숙   사라져줘. (이 악물고 흘기며)

준하   (나타나며 O.L) 야, 담배 하나 주라.

영하   어, 거기 있어요. (거실 교자상)

준하   (괜히 기웃이 보며) 어이 제수씨, 뭘 이렇게 많이 차려요 또오.

영하   담배 저깄어요.

준하   어이, 구수한 냄새. 나 이 집에만 오면 과식해서 일주일 내 사우나 가구 골프 가구 죽어라 체중 조절해봤자 도로아미타불되구 도로아미타불되구 하는 거 제수씨 책임져야 해요.

영하   (거실로 밀며) 담배 저기 있어요.

준하   (밀려 움직이며) 화났니?

영하   ······ (담배 꺼내주면서 작은 소리로) 거 형수들 좀 나와 거드는 시늉이라두 하라 그래요. 어째 그래요 사람들이.

준하   ······ (보다가) 그래 맞다. 암튼 저 방에 있는 여자들은. (성큼성큼 이교장의 방으로 가 문 벌컥 열며) 이봐, 당신 좀 나와.

인애   (E) 왜요?

준하   나오라면 나오지 빨리 나와.

인애   (나온다)

준하   (복도 끝으로 끌고 가서) 아버지 옆에서 마음에두 없는 알랑방구만 뀌지 말구 제수씨 좀 도와, 이 순 사기야.

인애	왜, 뭐라 그래요?
준하	내가 보니까 그래 이 친구야. (등 밀며) 얼른 가 얼른.
인애	(입으로 툴툴거리며 주방으로) …… 동서 애쓴다아. 아버님 모시구 고생하랴 또 이렇게 일주일에 한 번씩 대식구 치르랴……
미숙	……
인애	나 뭐 할까.

준하, 담배와 라이터 들고 밖으로 나간다.

미숙	……
인애	동서 골났어?
미숙	……
인애	아아이 골내지 마아. 워낙에 유능하잖어. 그리구 남의 집 부엌 살림 참견하기 어설프잖어 왜애. 옷두 불편하구.
미숙	(O.L) 담 주부턴 식사준비 안 할 테니까 시간을 그렇게 맞춰주세요.
인애	?
미숙	아버님 빨래해내기만두 허리가 휘어요.
인애	너무 그리지 마라. 니날이 생색이 더 심헤지는데 우리가 모르는 척하구 있는 건 아니잖…
미숙	(O.L) 뭐요, 아버님 드시는 찬거리 댄다구요? 침값 약값 댄다구요? 입하구 돈 효도는 한다구요?
인애	(화나서) 동서 앞에서 효도한단 소릴 어떻게 감히 입 밖에 내우리가. 그렇지만 동서, 누가 손위구 누가 손아래야. 뭘 그렇게 기세가 등등해 나날이.

미숙   형님. (하는데)

영하   (어느 곁엔가 나타나서) 여보. (나무라는)

미숙   (입 다물고 돌아선다)

S# 63 이교장의 방

　　　　잠든 이교장의 다리 엷은 홑이불 위로 주무르고 있는 미숙.

S# 64 아파트 창으로 함박눈이 펑펑 쏟아지고 있다

S# 65 이교장의 방

미숙   (변기 옆에 빼내놓고 발치 이불 속으로 집어넣어 젖은 수건으
　　　　로 밑 닦는 중이다. 다 포기한 모습이다) ……

이교장   (버럭) 거기 아니야!

미숙   안 보이잖아요, 아버님.

이교장   첨 하는 일야?

미숙   …… (대꾸 없이 닦고 있다)

S# 66 펑펑 쏟아지는 눈

제 3 부

S# 1 욕실

욕조에 바지 둘둘 걷고 맨발로 들어가 박박 수세미로 닦고 있는 미숙.

(E) 화면 시작과 기의 동시에 올리는 요란한 초인종.

미숙 (휙 문 쪽으로 고개 돌리고)

S# 2 이교장의 방에서 물대야 들고 나오는 미숙 / 다른 옷

S# 3 깍두기 버무리다가 이교장의 방 쪽으로 고개 돌리고 있는 미숙 / 다른 계절

(E) 그 화면에서 요란하게 울리고 있는 초인종.

S# 4 샤워 속에서 미움과 분노로 일그러져 문 쪽 노려보는 미숙 위에

(E) 초인종 울고 있다.

S# 5 부부, 껴안는 중이다가 영하는 문 쪽 돌아보고 미숙은 마구 남편 밀어내며 신경질적으로 베개 내던지는 위에

(E) 벨 울고 있다.

벨은 끊길 필요 없이 첫 신에서 시작해 그냥 내처 계속해서 울리고 화면만 바뀌는 것으로.

S# 6 거실 / 다시 한여름

미숙 (전화 받고 있다. 맥 빠질 대로 빠져서) 그래 미안해. 그런데 나 정말 나갈 수 있는 형편이 아냐…… 아냐 나가기 싫어. (찡 그리면서) 나가봤자 시아버지 흉이나 입이 찢어지게 보게 되구…… 아냐 싫어 얘. 그런 말두 듣기 싫어. (시아버지 벨소리 짧게. 이교장의 방 쪽 잠깐 돌아보며) 이해하긴 뭘 이해해. (다시 전화로) 다 헛소리지, 안 겪어본 사람 이해한단 소리…… (다시 벨. 돌아보며) 아버지, 저 지금 통화 중이에요. 안 급한 일이면 잠깐 기다리세요! (해놓고) 응, 끊어야겠다. …… (친 구에게 신경질) 얘, 나 젤 듣기 싫은 말 효부란 소리라구 안 했니? …… 듣기 싫어 글쎄 하지 마. 나 효부 아냐. 이렇게 치를

부들부들 떨어가며 이를 북북 갈어가며 이게 무슨 효부니? (하
는데 다시 벨 찌익) 알았어요, 가요오. (자신도 모르게 쥐어박
는 소리가 된다) 너 들었지? 이게 효부니? 끊어. (끊고 이교장
의 방으로)

S# 7 이교장의 방

미숙   (들어오며) 왜요, 아버지.

이교장   (앉아서) 책. (턱으로 가리키며)

미숙   단장 막대긴 어떡하셨어요. (다소 짜증 섞인)

이교장   내가 알어?

미숙   (우선 책 집어다주고 단장 찾는다. 요 속에서 나오는 지팡이
      에 지팡이만 한 길이의 막대기를 덧붙여 고무줄로 이은 것 나
      온다) …… (막대기 가까운 데 놓아주고 돌아서다 되돌아보며)
      뭐가 그렇게 급하세요, 친구랑 통화 중이랬잖아요.

이교장   시애비 빨리 안 죽어 지겹다는 수다? (안 보는 채)

미숙   (미워서 보다가) 다 보셨죠? (방바닥의 신문으로 구부리는데)

이교장   보면 뭐 알어?

미숙   ? (본다)

이교장   고르바초프가 누군지 아냐?

미숙   (자존심 상해서 신문 거칠게 집어들고 문으로 가는데)

이교장   (E) 우리 집에 너같이 머리 나쁘고 무식한 (미숙 돌아본다)

이교장   날라리 여자는 니가 첨이야.

미숙   (보다가 맥 빠져서) 오늘은 제가 뭐 또 잘못했어요?

이교장   쉰여덟 명 중에 쉰다섯째 하던 물건 아냐 너.

미숙   쉰여덟 명 중에 쉰다섯째 하던 물건한테 와 계세요 아버님.

이교장   공짜가 어딨나.

미숙   ? 뭐가 공짜예요?

이교장   니 남편.

미숙   …… (떨려서 보고 있다가 휙 나가 거칠게 문 닫는다)

이교장   (버럭) 그게 시아버지한테 하는 태도냐? 당장 문 다시 닫지 못
        해? …… (막대기 문짝으로 내던지며) 야 이년아!

S# 8 아파트 현관 밖 복도

미숙 모   (반찬 보따리 들고 마악 현관으로 다가드는데)

미숙   (현관에서 뛰어나와 복도 난간 두 주먹으로 치면서) ᄋᄋᄋᄋᄋ,
        ᄋᄋᄋᄋᄋᄋ (울음 터뜨린다) ᄋᄋᄋᄋᄋᄋᄋᄋᄋ.

미숙 모   (보며) …… 의식아.

미숙   어흐흐엉엉엉. (목놓아 운다) 엉엉.

미숙 모   아 구경꾼 불러모을래? …… (딸 건드리며) 그만해.

미숙   (난간을 등으로 하며 발 구르듯, 울며불며) 나 어떡해요 엄마.
        나 도저히 못살겠어. 그림같이 조용히 먹구 싸기만 해두 죽을
        지경일 텐데에, ᄋ으윽. (주저앉는다. 울음 흐느낌 때문에 들이
        마셔지는 소리) 심심하면 한 번씩 사람 환장시키는 데에 저 심
        술천지가 안 죽으면

미숙 모   떼에! (O.L)

미숙   (상관없이 연결) 내가 죽든지 무슨 수를 내야지 이대루는 도

오저히 못살겠어요오오오, 나는 못살아아아아, 어흐으으으으
엉엉. 싸면서두 날 무시해, 싸면서두 엉엉 엉엉엉. (엄마 껴안
으며)

미숙 모 (토닥이며) 삼 년이다 삼 년. 저러구 누워 계시니 그 성격에
심술은 왜 안 날 건가. 그러려니 하구 한 귀루 듣구 한 귀루 흘
리면 되지 어째 그렇게 심정이 팍팍하냐. 삭여라 삭여, 응? 삭
여어어. 해산어멈 모양 퉁퉁 분 얼굴루 시어머니 제사 모시러
갈래?

S# 9 이교장의 방

(M) 카세트에서 흘러나오는 클래식.

이교장 ...... (성한 손으로 책장 넘긴다)

S# 10 청담동 집 외경 / 저녁때(어둡지는 않고)

S# 11 널찍하고 사치한 주방

미숙, 씻은 제사그릇 마른행주질.

인애, 누름적 부치고. 수진, 인애 옆에서 전거리 만지고 있다.

두 여자 저 뒤의 미숙. 화면 시작과 동시에.

인애 좋기는 양수리 쪽이 젤 좋은데요 형님, 그런데 좀 호되게 불러
야죠. 이미 오를 대루 올라서.

수진 그래서 별장 자리 고르러 다니느라 그동안 이유 모르게 바빴
구나.

인애	사람이라는 게 참 재밌는 동물이에요. 집 하나 번듯하게 해결
	되면 다른 욕심 아무것도 없이 두 다리 쭉 뻗구 편하게 살겠다
	싶더니, 빚 어지간히 끄니까 또 딴 욕심 발동하는 거 있죠? 나
	만 맹물이었드라구요 글쎄. 경기도쯤에 몇백 평두 없이 멍청하
	니 그냥 있는 사람 나밖에 없드라니까요?
수진	그날부터 바퀴 달구 뛰었군?
인애	처질 수야 없잖아요.
수진	그래 하나 잡았어?
인애	잡았죠.
수진	어디다 몇 평이나?
인애	손바닥만 해요. 형님네 용인 땅에 비하면 좁쌀알만 해요.
수진	그래. 어디다 몇 평이나 잡았냐구.
인애	그냥 단지 조성해놓은 데서 하나 결정했어요. 삼백 평짜리요.
	(자신은 크다)
수진	집은 언제 질 거야?
인애	내년이나 후년 봄쯤 어떨까 생각하는데, 모르죠 머.
수진	동서 돈 잘 버나부네에?
인애	어이그 형님은 무슨. (하고 미숙 돌아보며) 아유, 에어컨 돌아
	가두 불 껴안구 있으니까 덥네. 동서 나랑 좀 바꾸지.
미숙	(돌아본다)
인애	(부침질 뒤지개 놓고 미숙 쪽으로 가며) 내가 불일 할게. 교대
	하자구.
미숙	싫은데요.

인애	? …… 더운 일 시원한 일 교대 좀 하자는데 싫다는 게 뭐야?
미숙	싫다구요.
인애	? …… 여태 내가 더운 일 했잖어.
미숙	일 년에 하루쯤 좀 하셔두 돼요.
인애	(O.L) 아이구, 그래 관둬. 그 아니꼬운 생색 (도로 부침개로 옮기며) 이거야 아버님 한 분 모시는 유세로 도대체가 위두 아래두 없이 엉망진창이니 (하다가 열나 돌아서며) 누가 동서한테 아버님 모시라구 강요한 사람이 있어, 애원한 사람이 있어.
수진	그만둬.
인애	동서네가 자진해서 모시겠다구 나선 거 아니었어?
미숙	아무두 안 모시겠다니까 어쩔 수 없었던 거죠.
인애	안 모시겠다구 한 게 아니라 모실 수가 없는 형편이었던 거 동서두 뻔히 아는 사실이면서 왜 이래. 어떤 경우에두 말은 똑바루 해야는 거 아냐?
미숙	말 비뚜루 하는 거 없어요. (하며 나가려)
인애	이봐 동서 (잡으려 하는데)
수진	(인애 잡으며) 가만있어. 나가서 좀 쉬어, 피곤해 뵈는데. (니가는 미숙 들으라는 듯) 보통일 하구 있는 사람 아니잖어. 우리가 할 일 대신 해주는데 그만한 생색두 못 내? (찔끔찔끔 눈) 지칠 때두 됐어.
인애	이렇게 일 년만 더 가면 저 사람 우리 먹살 잡구 흔들어요.
수진	(고개 흔들어 보이며) 복잡할 거 같아 아줌마 휴가 보낸 게 내 잘못이야.

인애　어우우 열나. 무식한 건 상대할 재간이 없다니까.

수진 모　(들어오며) 애, 탕국거리 끓니?

수진　(국솥 있는 곳 돌아보며) 아직 안 끓는 거 같은데요?

수진 모　(국솥 열어보며) 쯔쯔 물을 너무 많이 잡았어. 무 들어가구 두부 들어가면 넘겠네. (떠낼 그릇과 국자 챙기면서) 에이그 원, 할 줄 아는 건 멋 내구 얼굴 가꾸는 거밖엔 없으니 이서방이 천하에 없는 사람이지.

수진　엄마안.

수진 모　또 한 사람은 어디 갔니. (돌아보며)

S# 12 수진의 집 대문 앞

미숙　(대문 디딤돌에 걸터앉아서) …… (정말 더러운 기분이다)

S# 13 대문 앞 / 밤

준하의 차와 영하의 승합차 대어져 있다.

S# 14 윤하의 서재

밤 능숙하게 치면서.

준하　자식은 나서 무슨 영광 있다구 그렇게 자식 날려구 기를 써. 그럴 거 없어. 우리 아버질 봐. 자식 필요 없다는 산 증거 아냐.

병규　에이 (밤 같이 치다가 준하 말에 얼른 윤하와 영하 한 번씩 보면서) 막내형님이 잘 모시구 있는데 그렇게까지 말할 건 뭐 있어요.

준하 이런 말 형은 듣기 싫어하지만, 아버지 저렇게 되시구 난 느끼
      는 바가 많수다.

준하 (E) (의자에 앉아 조용히 보는 윤하 위에) 나두 자식인데, 자식
      으루 내 자신을 보면 자식 같은 거 전혀 필요 없는 거야.

윤하 (O.L의 기분으로) 너랑 나 같은 자식이 다는 아니야. 부모한테
      최선을 다해 잘하는 자식이 더 많아.

준하 그럼 우리만 특별히 나쁜 자식인가? (형 돌아보며)

윤하 특별히 나쁜 자식이지. (책 도로 접으며)

병규 에이, 그러실 거 없어요.

준하 형은 특별히 나쁜 자식이구 싶어서 나쁜 거유? …… 나쁜 자식
      이구 싶은 생각 추호도 없으면서 결과적으루는 나쁜 자식인 거
      아뇨.

병규 아 그렇지 않다니까요.

준하 아냐 자넨 몰라. 난 말요 형, 여기 애(영하)두 있지만 첨 한 일
      년쯤은 아버지 얘네 집에 가 계시게 한 게 틈틈이 괴로워서 참
      힘듭디다. 그런데 그게

윤하 (O.L) 어느 사이엔가 모르게 점점 덜 힘들어지더란 말이지.

준하 형두 마찬가지였어?

윤하 (혼잣소리처럼) 어느 사이엔지 점점 덜 힘들어지구 아버지 뵈
      러 가 있을 때 말구는 가책두 별루 안 느끼게 되면서 점점, 상
      황 때문에 어쩔 수 없었다 자기합리화가 되구, 그러다 영하가
      모시는 게 당연하게 생각되기 시작하고

준하 난 말요, 형.

윤하   (O.L) 사흘에 한 번 가 뵙던 거 바쁘다는 구실루 일주일 되더니 이 주일 되구…… 인생이라는 게 그런 거지, 늙으면 소외되구 외로워지는 게 당연한 거지, 자식은 또 제 자식 제 가정 갖고 정신없이 제 인생 살아야 하는데 퇴장하는 중인 부모에 매달려 살 수가 있나, 그런 거지 뭐. (시선 준하에게 옮긴다) 그게 인생이라는 거지. 그게 자식이라는 입장의 한계지……

영하는 그저 줄곧 묵묵히 방바닥 내려다보며 듣고 있고.

준하   들었지? (병규에게) 그러니까 자식 자식 안 생기는 자식 가질려구 집착하지 말라구 자네.

병규   집사람이 저보다 더해요 형님.

은비   (뿌우해서 문 열고) 여보, 이것 좀 받아요.

병규   어. (찻쟁반 받아들이고)

S# 15 서재 앞과 거실

은비   (거실로 해서 주방으로)

S# 16 주방

은비   (들어오는 위에)

미숙   (E) 네. 솔직히 말해서 나 빼놓구 두 형님 편안하게 사는 거 역심 나요. 난 매일 궂은 빨래에 파묻혀 외출 한 번 제대루 못하구 푹푹 썩는데, 두 형님 보면 완전히 천국에 사는 사람들 같아 화나서 말이 곱게 안 나간다구요.

은비   (O.L) 이제 그만해.

수진 (O.L, 야단치듯 고약하게) 동서 이해해. 이해하니까 우리가 다 받아주는 거 아냐.

은비 (O.L) 그만들 하시라구요. 우리 엄마 제사 모시는 날이에요. 어떻게 모이기만 하면 찌그럭찌그럭이에요? 며느리들이 이러구 차리는 제사 우리 엄마 편하게 드시겠어요? 어유 참 속상해.

모두 하던 일 하면서. 사이.

수진 죄 많은 사람이 맏며느리지. (혼잣말처럼)

인애 (퉁명스럽게) 그러니까 큰집에서 할 일 안 하면 집안이 이렇게 시끄러운 거라구.

수진 ? (인애 보는 위에)

인애 (E) 형님이 할 도리 안 하구 딴 사람 대신 시키니까 어린 사람이 위턱 아래턱두 없이 저렇게 기승강승 치받는 거 아녜요.

수진 동서 왜 이래. 장남만 자식이야? 옛날에 장남이 부모 모시는 게 의무가 됐던 건 장남이 집 물려받구 땅 물려받았기 때문이야.

인애 우린 물려받은 거 있어요?

은비 (화나서 O.L) 아버지 한 분 누워 계시는데 정말 이렇게 시끄러워야 하는 기예요?

인애 아가씬 어쩌다 한 번 올라와보니까 모르세요.

은비 알아요. 아버지 내가 안 모셨어요? 지팡이 짚구 걸어다니실 때두 사람 팔짝팔짝 뛰게 하셨는데, 노인 모시기가 얼마나 힘든지 언니들이 알아요?

수진 가뺴면 멀쩡한 어른을 있는 대루 부풀려서 우리만 보면 그냥 있는 대루 스트레슬 주니, 차라리 내가 모시는 편이 낫지. (쫑

알쫑알)

미숙　(터진다) 그래요오? 부풀려요? 차라리 모시는 게 나아요? 그럼 형님 모시세요. 더두 말구 두 집에서 석 달씩만 모셔봐요. 나두 그동안에 별장터나 고르러 다니게!

인애　아니

미숙　(연결) 가봬면 멀쩡한 어른이에요? 그래요. 딴 식구들 있을 땐 멀쩡하신 게 사람 더 미친다구요!

S# 17 주방 밖 서재 앞

놀라서 나오고 있는 병규 · 준하 · 영하 위에.

수진　(E) (정식으로 야단친다) 언성 좀 낮춰. 시어머니 안 계신 집안에 맏동서가 시어머니란 말두 못 들어봤어?

미숙　(E) 맏동서가 뭐 하셨는데 맏동서 대울 받어요.
영하 거칠게 들어간다.

S# 18 주방

미숙　아버님 나한테 떠밀어놓구 아무것두 하는 일 없이 깨끗하구 편안하게 여왕마마처럼 사시면서 그래두 맏동서 대우는 받구 싶으세요?

영하　야, 이리 나와!

인애　저저어

미숙　(영하에게 팔 끌리면서) 저게라구 하고 싶어요? 저게라구요?

영하　너 왜 이래!

미숙   나 돌았어. 돌았다구.

S# 19 거실

미숙   (영하에게 끌려 나오며) 나이구 순서구 다 필요 없어. 아버님
         내가 모시니까 내가 왕이야. 여기 나한테 할 말 있는 사람 있으
         면 나와봐! 나와보라구!

영하   (현관으로 끌고 나가며) 너 맞구 싶어?
         영하 부부 아웃되고 병규 입장 난처해서……
         준하, 양 허리에 두 손 올리고 있는 대로 못마땅해서 주방 보며.

준하   (중얼중얼하며 형 본다) 나 이거야……

윤하   (서재 앞에 나와 서서 준하 보며) ……

수진 모   (자기 방에서 나와) 이게 무슨 소란인가, 으응? 조상 제사 모시
         는 날. (사위 보고)

윤하   들어가세요.

수진 모   (들어간다)

은비   (주방에서 나오는데)

준하   뭐나 대체.

인애   (E) (O.L) 집안 볼 거 없는 건 뭘루두 표가 난다니까.

준하   (O.L) 닥쳐 닥쳐, 못 닥쳐?

S# 20 대문 앞 / 밤

영하   (끌고 나온 미숙, 열려진 운전대 옆자리에 집어 처넣는 중이다)
         너 집에 가 죽을 줄 알어. (하고는 문 쾅 닫고 운전석으로)

미숙   (이 악물고) ……

영하   (자동차로 올라 키 넣으며 악쓴다) 벨트 해!

미숙   (벨트 잡아 빼는 데서)

S# 21 아파트 주차장

대어진 영하 차의 운전대.

미숙   (순하게 흐느끼며) 몰라 난…… 미쳐가나봐…… 포기됐는가 하면 못 참겠구…… 더 이상 나쁜 년 되면 안 되지이 하다가두 마귀가 돼버리구 응응……

영하   (팔 아내에게 돌려 당겨 안는다)

미숙   으응, 응응응. 응응. 응응.

S# 22 미숙의 거실 · 주방

수진   (서서 물 마시고 있다)

S# 23 이교장의 방

윤하   장모님 넉 달 예정으루 그저께 호주루 떠나셨어요, 아버지.

이교장   (O.L의 기분으로 조용히) 넉 달씩 돌아가기루, 그렇게 의논들이 됐어? (하며 시선 준하에게)

준하   제수씨두 너무 힘들구 즈이들두 염치가 없잖아요. 그 사람두 아버지 모시는 동안은 과외 좀 줄인다구 했어요. 아무 염려 마시구 그렇게 하세요. (아버지 보며)

이교장   (이윽히 준하 보며) ……

윤하	네. 제수씨하구 애두 숨 좀 돌리구요.
이교장	(시선이 미숙에게 가 멎으며 조용히) 싫다.
미숙	(이교장 보고)
준하	(아버지 보던 시선 형 본다) ……
윤하	(이교장 보며) ……
영하	(윤하 옆에서 같이 아버지 보며) ……
윤하	아버지.
이교장	(미숙에게 시선 주는 채) 아무 데두 가기 싫어. 여기가 내 근거
	야. 떠돌이 되기 싫어.
미숙	(달래듯) 아버님 방 이대루 그냥 둬요, 아주 가시는 게 아니에
	요 예? 아버지.
이교장	(미숙 보며)
미숙	저 좀 도와주세요 아버지, 예?
이교장	(큰아들 보며) 늬들은…… 못해.
윤하	아버지.
이교장	싫어, 안 가. (고집스럽게)
영하	(울 듯이) 아버지이.

S# 24 기실

수진	(식탁에 앉아 눈 차악 내리깔고 있다) ……
이교장	(E) (힘껏) 싫어어, 이눔아! (수진 반짝 그쪽 보며 일어선다)
이교장	(준하에게 업혀 나오면서 버둥거리며 고래고래 발광) 싫어어
	이눔아, 내려놔아아 이눔아, 이 나쁜 눔아아아아!

윤하 (아버지 떨어질까 잡고 따라가며) 가만히 계세요 떨어지세요!

준하 (현관으로 내달으며) 현관문 좀 열어요!

윤하 (현관문 열고, 계속 소리 지르며 이교장이 나가자) 구경꾼야?
아버지 짐 챙겨 들구 나와 빨리!

수진 알았어요.

윤하 늬들 나올 거 없다. (나가며)

영하 (나가다 그럴 법 싶어 그만두고) …… (섰다가 아직도 들리는
이교장의 고함에 괴로워서 현관께 한 주먹으로 치고 그 주먹에
이마 붙인다)

미숙 …… (남편 보고 섰다가 수진이 이교장의 방으로 움직이자 재
빨리 허둥지둥 이교장의 방으로)

S# 25 엘리베이터 안

이교장 (성한 손으로 두 아들 마구 갈기면서) 안 가 이눔아, 안 가. 안
간다구우! 내려놔! 내려놔!

S# 26 이교장의 방

미숙 (너무나 빠른 손놀림으로 이교장의 옷가지와 사진들, 책·카세
트테이프 등등 허둥지둥 쑤셔넣고 있다) 변긴 어떡해요?

수진 (미숙과는 대조적으로 느리게 거들다가 싸늘하게) 이 집에선
다시 쓸 일 없을 거 같애? 알아서 할 테니까 걱정 마.

미숙 (대들고 싶으나 그만두고 불끈 일어나 팔목시계 빠르게 집어
들고 빠르게 수진 쪽으로 오다가 문득 방문 앞에서 보고 있는

영하 돌아본다) …… (들킨 것 같아서)

영하 …… (잠시 더 보다가 제 방으로)

미숙 ……

S# 27 안방

미숙 부부, 눈 멀거니 뜨고 누워서 각자 딴생각에……
사이.

미숙 (돌아누우며 여름이불 머리 끝까지 뒤집어쓰는데)

(E) 전화벨.

미숙 (이불 밖으로 팔 내밀어 수화기 집어 남편에게)

영하 네에 여보세요. 아 형님, 아버지 어떠세요.

S# 28 윤하의 거실

윤하 (죽을 만큼 속이 상해서) 야, 아버님 도저히 안 되겠다. 우린 감
당 못하겠어. (울음 터지기 직전) 계속 벽에다 머리 짓찧으시면
서 너만 찾으시니 이걸 어떡하니…… 어떡해야 좋을지를 정말
모르겠다, 크윽. (한 손으로 눈 가리며)

S# 29 윤하네 한식 널찍한 방

이교장 (옆으로 쓰러진 채 방바닥이고 벽이고 딱딱한 데 찾아 머리 짓
찧는 시도를 계속하는 중이다. 입 꽉 다물고 아무 말 없이)

수진 (머리 안 찧게 하려고 닥치는 대로 머리 부분에 갖다대면서)
이러시면 안 돼요, 아버님 진정하세요…… (쿠웅) 안 돼요. 진

정하시라니까요! 무슨 일 당하게 하실려구 이러세요, 정말. 네?
왜 이러시냐구요!

윤하   (전화기 들고 와서 대어주며) 아버지 아버지, 영하 나왔어요.
말씀하세요, 네?

이교장   (헐떡이며 그래도 진정 기미. 팔은 며느리에게 잡히고 아들이
대주는 수화기에 붙으려 하며. 윤하, 다른 손으로 베개 끌어다
받쳐준다. 그 베개와 상관없다) 의식 에미 바꿔.

S# 30 미숙의 안방

둘 다 일어나 앉아 있다.

영하   형 속상하게 하지 마세요, 아버지. 그동안 아버지 못 모신 형
속은 더 아파요…… (듣다가) 당신 바꾸라셔.

미숙   (기절하게 놀라서) 나 못 받지이, 여보. 나 안 받아요. 무슨 말
씀을 어떻게 드려, 발광 쳐서 쫓아낸 주제에. (이불 뒤집어쓰고
눕는다)

영하   아버지, 의식 엄마 몸살기가 있어서 일찍부터 자는 (하다가 야
단맞고) …… 네 알았어요. 잠깐 계세요. 일어나 받어, 얼른.

미숙   …… (찡그리고 보며)

영하   빨리이. (주며)

미숙   (마지못해 받아서) …… (망설이다가) 저예요. 아버님.

S# 31 청담동 이교장의 방

이교장   (약하게 처량하게) 나 좀 데려가라아아.

S# 32 안방

영하 (아내 보고 있는데)

미숙 (가슴이 푸욱 찔리는 듯한) ……

       (M)

이교장 (F) 나 좀 데려가아아아…… 으응? 아가…… 나 좀 데려가라구
       우우.

미숙 (O.L, 흐윽 울음 터지며) 네 아버님 알았어요. 지금 모시러 갈
       께요. 가만 계세요, 모시러 갈께요. (하며 전화 픽 끊고 벌떡 일
       어나 옷장문 열며) 어이그으으으 내 팔짜야 어이구 내 팔짜.
       (F.O)

S# 33 영하의 아파트 이교장의 방

미숙 (시부 밥상 들고 들어온다)

이교장 (바둑책 펴놓고 혼자 바둑 두고 있다)

미숙 (밥상 내려놓으며) 심심하시죠.

이교장 (바둑판 들여다보며) 아니다.

미숙 그런네 건 뭐 하러 하세요, 재미없잖아요?

이교장 머리 나빠질까봐.

미숙 …… (잠시 보다가) 식사하셔야죠, 치울께요.

이교장 (끄덕이고)

미숙 (바둑판 치우고. 이교장 식사 시작, 굴비 뜯으면서) 청담동에서
       굴비 왔어요.

이교장 ……

미숙   (굴비 얹어주며) 간이 아주 딱 맞으면서 진짜 영광굴비 같애요.

이교장   (먹으며) 너 저거 반두 못 읽었더라.

미숙   (시선으로 방바닥의 책 돌아본다) 아버님은 다 읽으셨어요?

이교장   다 읽었지. (다소 뻐기듯)

미숙   전 하는 일이 많잖아요. 책 읽을 새가 어딨어요. (좀 미워서)

이교장   읽을 것두 없어. 시시껍적해.

미숙   재밌든데요? (얹어주며)

이교장   도스토……예프스키 읽었니?

미숙   옛날에요.

이교장   내가 아는 한 그 사람 작품을 능가하는 소설은 없어.

미숙   어서 드세요.

이교장   (입에 넣다 흘린다)

미숙   (얼른 줍는다)

S# 34 미숙의 주방 / 다른 날, 가을

미숙   (냉장고 열고) ? …… 맥주 다 어디 갔지? (식탁의 부자 돌아
          보며)

의식   (밥 먹으며) 할아버지가 잡수셨어요.

영하   (신문 보며 먹다가 아들 보고)

미숙   ? (아들에게 연결) 네 병 다?

의식   네.

미숙   언제?

의식   낮에요.

미숙	이젠 냉장고에 맥주두 못 두겠네. (식탁으로 앉으며) 아니, 왜 안 하시던 짓까지 하시지?
영하	드시구 싶으셨나부지.
미숙	드시구 싶다구 애 시켜서 냉장골 비우면 어떡해요.
의식	엄마. (보며 부른다)
미숙	왜.
의식	(가만히 보는 채) 할아버지 맥주 잡수시면 우리 집 망해요?
미숙	…… (찔려서 보다가) 누가 망해서 그래? 맥주 드셔야 소변양만 많아지니까 그렇지. 아이구 참, 그 소변을 다 어떡하셨지?
의식	내가 다 했어요.
미숙	니가?
의식	네. (대답하는 의식 머리로 밥 먹으며 안 보는 채 영하의 한 손이 올라온다)
미숙	(미워서 보며 입이 풀풀거린다)

S# 35 미숙의 테라스 / 밤

창으로 부딪히며 흩닐리고 있는 눈. 그 위에.

은비	(E) 아버지, 눈이 오시네요.
	응접 소파가 들여놓아져 있다.
이교장	(나와 앉혀져 멍하니 창 쪽 보며) …… (그 등 뒤에 노인의 생일 케이크를 앞에 놓은 사진 — 영하 가족과 노인 — 세 개가 줄줄이 놓여 있다)
은비	(아버지 안고 붙어 앉아서) 안 추우세요?

이교장	(O.L) 늬 엄마하구 혼인하는 날두 눈이 발이 빠지게 퍼뷇었지…… 혼인하는 날 눈이 오면 부귀영화 누리구 잘산다는 말두 다 헷소리다.
은비	(측은해서 아버지 보며)

주방 식탁의 세 며느리, 다 각각 싸늘하고 뚝뚝한 채 생일 케이크에 초 꽂고 있다.

인애	불 켜세요.
수진	갖다놓고 켜지 뭐.
인애	켜 갖고 나가요. (하며 성냥 긋고 성냥 내민다)
수진	(성냥 긋는다)
인애	(미숙에게) 모두 나오라 그래,
미숙	(대꾸 없이 움직여 방문 두 개 두드린다) 나오세요, 나와라들.

명랑하게 떠들며 나오는 손자들과 잡담하며 나오는 삼형제 위에.

인애	(E) 할아버지 생신 케이크 나갑니다아.

불 탁 꺼지고.

수진	(촛불 켠 케이크 들고 나와 놓는다)
인애	여보, 카메라 준비됐어요?
준하	준비됐어.
인애	자, 축가 시이작.

손자들 축가 시작하면서 곧장.

미숙	(우두커니 뒤편에 서서 노인 쪽 바라보고 있는) …… (길이는 점만큼만)

S# 36 이교장의 방 / 깊은 겨울

미숙   (덮고 있는 이불 번쩍 집어 한쪽으로 팽개치면서) 아버님, 왜
        또 이러시는 거예요. 네에? 왜 또 이러세요. 뭣 땜에 이러시냐
        구요오! 네에에?

이교장   (파자마 바람으로 날름 드러나서 대자인 채 가만히 며느리 올
        려다보며)……

미숙   왜 또 이러시는지 이유를 알자구요! 일 저질르기 전에 왜 벨을
        안 누르세욧!

이교장   (여전히 보며) ……

미숙   왜요오!

이교장   (눈 감는다) ……

미숙   눈 감지 마시구 말씀하세요. 말씀을 하시라니까요!

이교장   (보며) 나오는…… 걸 몰랐다, 이년아. (조용히) 그래 어쩔래.

미숙   (머엉해지면서) …… 뭐라구요?

이교장   (눈 감는다)

미숙   (주저앉으며) ? …… (너무나 황당해져서)

S# 37 울면서 정신없이 뛰고 있는 미숙

S# 38 미숙의 친정어머니 집 마당

미숙   (와장창 뛰어들어오며) 엄마아! 엄마아!

S# 39 친정어머니의 방

미숙 모 (낮잠 자다가 펀뜻 놀라서 소스라치게 일어나는데)

미숙 (뛰어들어 퍼질러 앉으며 대성통곡) 엄마아아아,

미숙 모 (딸 다리 짚으며) 돌아가셨구나.

미숙 (고개 마구 저으며) 아앙앙앙앙.

S# 40 아파트 복도

미숙 모 (미숙 뒤에 따라오고) 어쩔 거야 부몬걸. 자식한테 그런 꼴 봬
구 싶은 부모가 세상 천지에 어딨어. 마지막 가는 길 깨끗하구
싶잖은 사람이 어딨냐구. 어째, 내 맘대루 되는 일이 아닌걸.
(아파트 문 열고) 어이 들어가 태연한 얼굴루 옷 갈아입혀드리
고 빨랫거리 내놔.

미숙 (들어간다)

S# 41 식탁

미숙 (다소 흐트러진 허탈한 모습으로 앉아 멍하니) ……

S# 42 욕실 안

미숙 모 (욕조에서 빨래 빠르게 흔들어대고 있다)

S# 43 안방

미숙 (손재봉으로 줄무늬 있는 싼 천으로 요껍데기 박고 있다. 옆에
구겨져 아무렇게나 놓여 있는 얇은 비닐말이) …… (재봉틀 멈

추고 일어나 나간다)

S# 44 이교장의 방

미숙 (들어오며) 아버님 약 드실… (하다 보면 고무줄 넣은 요껍데기는 홀렁 벗겨져 저만큼 가 있고 비닐은 조각조각 찢어져 아수라로 널려 있다) …… 또 찢으셨군요 …… (열 받쳐) 싫어두 참으세요. 저두 이러구 싶어 이러는 거 아니에요 제발! …… (열 빼고 사정) 저 좀 도와주세요 네?

이교장 (삐딱하게 기대어 앉아서 모르는 척)

미숙 (펄썩 앉으며 달랜다) 협조를 좀 하시라구요 아버님. 안 그럼 저 죽어요오.

이교장 ……

미숙 (오기 있게) 하구 싶은 대루 하세요 그럼. 저두 끝까지 할 테니까요. 비닐 필루 끊어다 논 거 아직두 멀었구 떨어지면 또 살 테니까 아버님은 찢어내구 전 다시 꿰매구 해보자구요 어디.

이교장 …… (물끄러미 본다)

미숙 아니먼 기저귀를 차시든지요.

이교장 …… (그저 물끄러미 보며)

미숙 이 불쌍한 인생아아아아, 인간이 그러는 게 아닌데에, 이 아무것도 모르는 가여운 년아아지요 아버지 그 얼굴? …… (눈물 차오르면서) 그래요, 저 악질이에요. 근본적으루 나쁜 년이에요. 천하구 무식하구 저질이라구요. 천벌 받아서 지옥에 떨어질 거 각오하구 있어요. 네에 무시하세요, 경멸하세요.

이교장   …… (볼 뿐)

S# 45 주방 식탁 / 다른 날

미숙   (머리칼 속에 두 손 쑤셔놓고) …… (별안간 벌떡 일어나 욕
         실로)

S# 46 욕실

미숙   (문 열며) 엄마 관둬요. (맥 빠져서) 그럴 거 없다구. 우리 다
         내버리자구요. 다 내버려버리자구요. 다 내버리면 돼 까짓. 엄
         마 팔짠 이게 뭐냐구.

미숙 모   (빨래 물에 흔들면서) 늙으면 딸년 팔짜가 에미 팔짠 거다. 끝
         이라는 게 있는 줄 알어?

미숙   …… (고개 외로 꼬고 엄마 보며)

S# 47 안방

미숙   (파자마 입은 남편 등 보며) …… 술 먹었지?

영하   음? …… 음 조금.

미숙   …… 왜 종종 술 먹구 들어와?

영하   그렇게 됐어. (이불로 들어온다)

미숙   …… (남편 눕는 것 기다렸다가) 당신 조금씩조금씩 술 먹기
         시작하구 조금씩조금씩 늦게 들어오는 거 알어?

영하   ……

미숙   …… 당신두 지루하구 지겹지?

영하	뭐가.
미숙	…… 아버지랑 나랑…… 전쟁.
영하	(옅은 한숨)
미숙	그렇지?
영하	아니야…… 도와주지 못해 미안하다.
미숙	뭘…… 목욕은 시키잖어.
영하	……
미숙	……

S# 48 거실 현관께

미숙	(마악 이교장의 방으로 가는 중인 수진과 인애가 들고 있는 케이크 상자, 과일바구니 등 뒤에서 한꺼번에 뺏으며) 아무것두 들구 들어가지 말어요. 내 말 어디루들 듣는 거예요. 식탐만 많아지셔서 보이는 대루 다 잡숫구 다 내노세요. 치우는 사람 나니까 형님들은 상관없죠?
수진	그렇지만 어떻게 빈 손으루……
미숙	약 사오세요 약. 약 무지 좋아허시잖어요.
인애	약은 바구니 하나 가득 쌓였는데,
미숙	됐어요, 들어가세요.
인애	거기 족발이나 줘 그럼. 지난번에 잡숫구 싶다 (그러셨단 말야)
미숙	(O.L) 우리 식구 아무두 안 먹구 나눠서 드릴게 걱정 마세요.
인애	그러지 마, 동서. 사람이 참 나쁘다.
미숙	(O.L) 좋아요, 나 나빠요. 모셔봐요 안 나빠지구 배기나.

인애　무슨, 말을 못하겠어 정말. 쌈닭 모양 덮어놓구… 빈손으루 왔
다 말씀드려?

미숙　(주방으로 돌아서며) 압수당했다 그러세요.

S# 49 화면에 가득 찬 피서지 풍경과 뉴스 아나운서 소리

텔레비전 테두리가 처음에는 안 나오도록 잡았다가 잠자고 있
는 아랫목의 이교장 옆얼굴을 오른쪽 벽 쪽에서 잡으며 멀리
텔레비전도 함께 잡힌다. 오른쪽 벽을 일단 뜯어내고 카메라
높이와 노인의 얼굴 높이를 맞추어서. 카메라 그대로인 채 밥
상 들고 들어오는 미숙.

미숙　(상 놓으며 자는 이교장 본다) …… (한참을 다소 측은한 감정
으로 보다가) 아버님…… 아버님…… (문득 혹시나 해서 귀 대
고 숨소리 들어보다가 내가 이게 무슨 죄받을 생각인가 얼른
몸 떼면서) 아버님 저녁 드셔야지요…… (TV 끄는데 끄자마자)

이교장　누구냐.

미숙　(가책의 반작용으로 어설프게 상냥히 웃으며) 저녁 드시자구요.
(밖에 대고) 여보오, 아직 안 나왔어요?

영하　(젖은 머리 털며 들어온다) 어 됐어. (하며)
영하와 미숙, 이교장 일으켜 앉히는데 영하가 제 등으로 노인
등을 떠받치듯 뒤에서 막아주는 형국으로. 노인의 상태가 점점
나빠진다.

미숙　(간추리면서) 아버님 벽보다 당신한테 기대는 거 좋아하시니
까 그러구 있어요.

영하 어 그래.

미숙 (상 놓아주며) 맛있게 드세요.

S# 50 주방

미숙 (주방으로 들어와 서면서) …… (방금 전 자신의 '기대'에 대한
놀라움으로) …… (눈과 고개가 약간 옆으로 돌아가고) ……
(다시 천장으로 고개 치키면서 눈 꽉 감는다)

S# 51 이교장의 방 / 다른 날

미숙 (아랫도리 홑이불 주글주글 위로 올려놓고 고무장갑 물대야에
서 수건 짜서 고개는 옆으로 돌려 빼고 시부의 아랫도리 닦아
내고 있다) ……

이교장 (느닷없이 퉁명) 자세히 좀 닦아.

미숙 (잠깐 시부 보고 여전히 고개 뺀 채 닦는다)

이교장 너는 손에 눈 달렸냐?

미숙 빼기 싫으시다면서요.

이교장 제대루 못하잖어.

미숙 …… 봐요?

이교장 …… 제대루 닦어.

미숙 알았어요. (하고 시부 아래로 고개 돌리다가 도로 얼른 고개가
돌아가는데)

이교장 (E) 큰애한테 병원 수술 장갑 좀 갖다 달래 써. 김치 담냐?

미숙 알았어요. (고개를 다는 못 돌리고 힐끔힐끔거리면서) ……

(닦는 위에)

이교장   (E) 들어.

미숙   ? 네?

이교장   (E) 들라구, 들라는 소리두 몰라?

미숙   (뭉클해서 이교장 쪽 보면서) …… (O.L)

S# 52 이교장의 방 / 가을 어느 날

미숙   (이교장에게 스웨터 머리에서부터 씌워 입히면서) 부동산 염
         사장 쫓아다니면서 깜짝깜짝 놀라게 벌었어요. 큰 껀 하나 하
         면 포장마차 일 년 벌일 한 번에 들구 들어오기두 하구요. 거기
         서 기반 잡았죠, 뭐.

이교장   투기꾼 끼구 돈 번 거…… 자랑 아니다.

미숙   …… (잠깐 옷 입히던 것 멈추고 보다가 다시 계속하며) 아버
         님 뭐 해주셨는데요? 염사장 아니었으면 우린 지금두 포장마
         차 끌구 있을 거예요. (한쪽 소매 입히며) 평생 은인이구 부
         모 같은 분이세요. 의식 아빠 자기 아들보다 더 좋아하시거든
         요…… (나머지 한쪽 팔 쪽으로 옮겨) 자, 이쪽 끼세요.
         스웨터 다 입혀놓고 등 뒤로 돌아가 양쪽 겨드랑이 밑으로 껴
         안아 당겨서 문갑에 기대어 앉게 하고 머리 빗기기 시작한다.
         사이.

미숙   …… (벗겨놓고 문득 측은한 감정으로 보며)

이교장   …… (그대로)

미숙   (떨치듯 얼른 발치로 옮겨) 양말 신으셔야죠? …… (양말 신기

면서) 뭐 하나 여쭤봐두 돼요?

이교장   …… (보며) 뭘 알구 싶은데.

미숙   왜 재혼 안 하셨어요?

이교장   …… (보며)

미숙   예? 안 하신 거예요, 못하신 거예요?

이교장   안 했어.

미숙   왜요.

이교장   …… 누구한테 우리 애들을 맡겨…… 뭘 믿구.

미숙   좋은 사람두 있잖어요.

이교장   아무리 좋아두 그렇게는 안 되는 게야…… 그건 안 돼. 애들
         을…… 자기가 낳지 않은 여자한테 우리 아이들을 맡기기가 싫
         었어.

미숙   …… (보며)

         (M)

이교장   여자를 들여놓으면 난 안 변할 줄 알아? 그것두 장담할 수 없
         는 일이구……

미숙   …… (보다가 좀 비슥이 웃으며) 연애두 안 하셨어요?

이교장   그럴 시간 없었어……

미숙   외롭지두 않으셨어요?

이교장   (보며) 외로운 게 너…… 뭔 줄이나 알어? 알지두 못하면서.

미숙   …… (보다가) 후회하시죠. (양말은 이미 다 신겼다)

이교장   바둑판 이리 다우.

미숙   (이교장의 다리 벌려놓고 그 사이에 바둑판과 바둑알 그릇 놓

아주고) 후회하시죠. 그렇죠.

이교장 …… (대꾸 없이 바둑알 놓기 시작한다) ……

미숙 …… (가만히 보면서)

S# 53 가을 숲길 / 다른 날

가을이 한창인 어느 숲길을 휠체어 밀고 오는 미숙.

저만큼 한참 떨어진 뒤에서 추썩거리는 의식 상대하며 오는 영

하가 이교장과 미숙 뒤로 보였다가 안 보였다가.

미숙 아버지 속으루 후회하죠. 진작 나올 걸 그랬다.

이교장 (O.L) 너 나 보면…… 약 먹구 자살이라두 하지 왜 저러구 사
나……그러니?

미숙 (찔끔하지만) …… 그런 생각 해본 적 없어요.

이교장 나두…… 당하기 전에는… 지금 나 같은 사람 보면… 혀를 깨
물어서라두 어서 빨리 죽어 끝을 내지 왜 저러구 사나…… 했
지……

미숙 ……

이교장 그게 아니더라구우……

미숙 ……

이교장 (고개 들어서 머리 위 천천히 둘러보듯)

S# 54 인서트

이교장의 시각으로 머리 위 사이사이로 하늘이 보이는 가을 숲.

그 위에.

이교장   (E) …… 은비년은 해산이 언제라든.

미숙   (E) 예정일 며칠 안 남었어요.

S# 55 말없이 굴러 나오고 있는 휠체어와 뒤편의 영하 부자

S# 56 이교장의 방 / 다른 날

이교장   (벽에 기대어 앉혀져 있는데 중심을 잃어 옆으로 기우뚱)

미숙   (물대야를 이교장 다리 사이에 넣고 이교장 손 담갔다 뺐다 하면서 손톱 속을 이쑤시개 같은 것으로 파내고 있다) 어으으, 이게 뭔지 아세요, 아버지?

이교장   ……

미숙   도대체 왜 그러시는 거예요. 일 보셨으면 고대루 꼼짝 말구 부르시라니까 왜 말 안 듣구 그러시는지 도대체 이율 모르겠다구요.

이교장   ……

미숙   그냥 어떤 날은 괜히 심술이 나세요? 이년이 오늘은 어떻게 나오나 한번 보자 그런 생각이 들어요? 그래서 일부러 만지구 묻히구 온통 휘갑을 하시는 거예요?

이교장   아냐, 이년아.

미숙   그럼요.

이교장   ……

미숙   그럼요.

이교장   너 놀래키게 내가…… 한번, 치워보구 싶어 그러지.

미숙   ? ······ (본다)

이교장   ······ (안 보는 채)

미숙   (노인의 심정을 알기는 하지만 구박 주듯) 아이구 아버지, 하
        나두 안 고맙네요. 그냥 가만 계셔주는 게 적선하시는 거네요.

이교장   ······

미숙   ······ (눈 내리깐 이교장 흘끗흘끗 간간이 보면서 손톱밑 파내
        다가 손 물에 담그며)

S# 57 이교장의 방 / 다른 날

미숙   (있는 대로 치받쳤다. 물이 쏟아질 정도로 거칠게 대야 방바닥
        에 놓으며 동시에 퍼질러 앉으며) 아ㅇㅇㅇㅇ!

이교장   ······ (눈 조용히 뜨고 있으며) ······

미숙   아ㅇㅇㅇㅇㅇ!

이교장   ······

미숙   왜 말 안 듣구 자꾸 이렇게 나쁜 년을 만드시냐구요, 도대체!
        아버지가 안 치워줘두 된댔잖아요. 가만히만 계셔주는 게 적선
        이라구 몇 번이나 말해야 돼요 대체! 네?!

이교장   ······

S# 58 시간 경과 / 이교장의 방

미숙   (치워진 방. 방바닥 닦으며 악 빠져 간간이 흐느껴 울면서) 제
        발 제가 미워하게 하지 마세요 아버지. 악쓰게 좀 만들지 마세
        요······ 아버지 저한테서 모진 대접 받아가며 얼마나 많이······

인생이 서글프구 자존심이 상하는지…… 저 알아요. 그렇지만 이 떡장사 딸이…… 아버지 아들 꼬여 망쳐놨다구… 아버지 지금두 저 무시하잖아요. (반발하듯 돌아앉으며 시부에게) 공부 못한 건 사실이지만 바람둥인 아니에요, 왜요.

이교장   (천장 보며) …… (가만히)

미숙   아버지 저 형편없는 인간이에요. 맞아요. 이렇게 속이 나쁘구 돼먹잖은, 죄덩어리라는 거 옛날엔 몰랐다구요. 천벌 받을 각오 해놨어요. 그러니까 아버지 제에발, 더 이상 죄짓게 만들지 마시구 가만 계셔만 주세요 네? 네? 아버지이.

이교장   (물끄러미 미숙 보고 있다)

미숙   (화난다) 그런 눈으루 보지 말라구 했잖아요!

이교장   (O.L) 그래두 사람은 니가… 사람이야.

미숙   …… (멍하니 보며)

이교장   불쌍한 것들은 따루 있지… 니 배웅을 받을 줄은…… 몰랐다. 가책 느끼지 말어.

미숙   …… (보며)

이교장   쉬이 안 가겠냐?

미숙   …… (보다가 퉁명) 백 살은 넘게 사시겠어요, 엄살 피지 마세요.

S# 59 아파트 전경 / 낮

미숙   (점심 준비하는데)

    (E) 갑자기 나오는 「부모은중경」 중간 토막.

미숙   ? …… (듣다가 이교장의 방으로 가 노크하고 문 연다)

S# 60 이교장의 방

미숙   그게 뭐예요?

이교장   (거의 미끄러져 고개만 세운 형국으로 들고 있다)

미숙   …… (한동안 듣다가) …… 이게 뭐예요?

이교장   (올려다본다) ……

미숙   …… (듣다가 달려들어 등 뒤로 비집어 들어가 천근같이 무거운 시아버지 자세 세워주려 용쓰며) 알았어요. 아버지 머리 좋으신 거 알아요. 저 들으라구요?

이교장   (비죽이 쓸쓸히 웃는데)

미숙   근데 어디서 나셨어요?

이교장   의식 애비더러 사다 달랬지.

미숙   소리 줄여놓구 들으세요. 염불 소리 전 듣기 싫으니까. (나가려)

이교장   나두 우리 부모님이 저렇게 키우셨다.

미숙   (돌아본다) …… (경소리)

이교장   그 얕은 속으루 알아듣기나 해?

미숙   (시비조. 그러나 친밀감) 아버진 사이사이 저 깔어뭉개잖으면 소화가 안 되세요?

이교장   (벌쭉 웃으며) 그래 그렇다 왜.

미숙   (비쭉하는 얼굴로 돌아서는데)

이교장   (E) 에미야.

미숙   (돌아서며) 저 바뻐요, 왜요.

이교장   (웃음기 없이 올려다보며) 나 좀 깨끗이 닦어다오.

미숙   새벽에 애비가 목욕시켜드렸잖아요.

이교장   목욕은 아니구 한 번 더 닦어줘.

미숙   알았어요. 점심 드시구 나서요.

이교장   지금.

미숙   에?

이교장   밥 생각 없어. 지금.

미숙   …… (보며)

이교장   손톱 발톱은 그저께 깎었구… 새 옷 다우. 그리구 영하 들어오
       라 그래.

미숙   (보다가) 왜 그러시는 건데요. 돌아가시는 연습 시키는 거예
       요? 새루 연구해내셨어요?

이교장   …… (그저 보며)

미숙   알았어요. (돌아서는데)

S# 61 주방 거실

미숙   (분마기에 마늘 찧고 있다. 「부모은중경」은 아직도 맨 마지막
       부분이 돌고 있고)

       (E) 현관문 소리.

미숙   (분마기 공이 들고 내다보며) 왜 이렇게 늦어?

영하   어, 뭐 잠깐 처리할 게 있어서. 아버지.

미숙   (아무렇지도 않게) 새신랑처럼 넥타이까지 매시구 얌전하게
       누워 당신 기다리셔. 빨랑 들어가봐. (약간의 야유) 정신 맑은
       동안에 유언하실려나부지 뭐.

영하   (이교장의 방 쪽으로)

미숙   (분마기에 공이 집어넣고 쿵 한 번 내리찍는데)

영하   (E) 아버지!

미숙   ?

영하   (E) 아버짓!

미숙   (공이 내던지고 뛴다)

영하   (E) 아버지 아버지!

S# 62 이교장의 방

미숙   (뛰어들며) 왜 그래요!

영하   아버지, 정신 차리세요. 아버지, 아버지, 아버지 정신 차리시라

         구요!

미숙   (황당해서 선 채 내려다보며)

이교장   (뇌졸중 마지막 경련으로 푸드득거리고 있다)

미숙   아버니임 (영하와 얼크러지는 노인 부르는 소리)

영하   (갑자기 방바닥 한 손으로 내리치면서) 아버지 돌아가신다, 미

         숙아. 빨리 큰형한테 전화해. 빨리 앰뷸런스 보내라구 빨리.

미숙   당신이 해. (달라붙으면서) 아버님 아버님?

         영하, 뛰어나간다.

S# 63 거실

영하   (다이얼 찍는데)

미숙   (E) 여보옷!

영하   (전화 집어던지고 뛴다)

S# 64 이교장의 방

미숙 (뛰어드는 영하 돌아보며) 아버님 이상해 여보. 돌아가신 것
     같애.

영하 (달라붙으며) 아버지 아버지. (경련이 끝나고 우그러졌던 얼굴
     이 서서히 펴지는 중이다) …… (가슴에 손 대보고… 손목의
     맥 잡으려 마비돼 꺾어진 팔 무의식중에 잡는데 그 팔꿈치가
     천천히 펴지고 있다) …… (휘둥그레져 보다가) 아버지 돌아가
     셨어. 여보, 팔이 펴지셔어.

미숙 ? …… (커진 눈으로 이교장 내려다보다가 엎어지면서) 아이구
     아버지 잘못했어요. 잘못했어요 아버지. (급해진다) 용서하세
     요 제가 죽일 년이에요. 죽일 년이에요 아버지. 아버지이이이.
     아버지이이이이.

     영하는 영하대로 아버지 소리치며 울고.

     (E) 겹쳐서 저 혼자 따로 돌아가는 「부모은중경」 테이프.

S# 65 이교장의 방

     삼형제 내외. 미숙만 빼고 다 모여 통곡하고 있다.
     여자들도 질세라 소리 높여 울고.

S# 66 이교장의 방 밖

     복도 벽에 허탈하게 앉아 눈물만 폭포처럼 떨어뜨리고 있는
     미숙.
     낭자한 통곡 소리.

미숙 모   (저만큼에서 딸 쭉 묵묵히 보고 서 있다) ……

S# 67 묘지 / 현재

이미 「달구타령」 구성지게 하면서 다지기하고 있다. 타령.

유족들과 조문객들.

남편에게 안겨 섧게 우는 만삭의 은비와 담담해져 은비를 보고

있는 미숙.

좀 떨어진 자리, 추워 웅숭그리고 담배 태우며 잡담하는 노인들.

노인1   효자들은 무슨, 아 효자들이 즈 아버지 풍 맞었는데 애당초 즈

들이 안 데려가구 딸네집으루 막내아들네루 내돌리다 죽게 만

들어?

노인2   아, 큰아들은 장몰 데리구 있다잖어. 그 대쪽 같은 이교장이 거

길 어떻게 들어가. 애초부터 큰아들이 모시겠다는 거 이교장이

싫다구 했다는구면. 이교장이 딸네루 들어간 건 이유가 있어서

야. 딸이 집이 없었거든. 퇴직금 갖구 딸 집 사주러 들어간 거

라구.

노인1   나중에 막내아들한테 간 건 뭐야, 그럼.

노인3   걔들이 포항 내려가게 됐다잖어? 나 그렇게 들었는데.

노인2   막내아들 어릴 때 상처했잖어. 한 번, 그게 언제냐, 막내아들한

테 가구 얼마 안 돼서 통화하는데 그러더라구. 막내가 젤 안 됐

구 젤 애틋하다구. 그래서 자기가, 나는 막내하구 살다 죽을란

다 그랬다구.

노인1   치, 전화두 따루 못 쓰구 살더라.

노인2　어, 그거 따루 매줬는데, 시끄럽구 성가스러 치웠대. 큰아들이
　　　　휠체어두 사다 줬대. 아들들이 약을 어떻게 갖다대는지 산삼까
　　　　지 먹었다구 전화만 하면 자식 자랑이 귀 따갑던 사람인데 뭘
　　　　그래. 행복했지.

노인1　하나두 안 믿으니까.

노인4　믿구 편한 게 좋지, 안 믿구 속 불편한 거보다야.

　　　　노인들 뒤로 지친 은비, 미숙에게 안겨 묏자리에서 뜨고 있는
　　　　게 보인다.

S# 68 은비와 미숙

　　　　자동차 있는 곳을 향해서 내려오고 있다. 한동안.

은비　…… 미숙아.

미숙　(본다)

은비　너한테 (울음 다시 터지려 하며) 고백할 게 있어.

미숙　뭔데.

은비　(멈추고 터지면서) 사실은 아버지 모시기 너무 힘들어 포항으
　　　　루 가자구 내가 그린 거야. 미숙아, 나 죽일 년야 이이엉엉. (주
　　　　저앉으려 하며)

미숙　(얼른 은비 껴안아주며) 난 너보다 더 죽일 년야 엉엉.

은비·미숙 (마주 얼크러져 껴안고) 엉엉엉. (함께) 엉엉엉. (더 길지 않게)

S# 69 돌아가고 있는 영구차와 승용차들

S# 70 영구버스 안

노인들 몇몇만 깨어 있고 유족들 다 같이 약이라도 먹은 것처럼 각각 자고 있다.

미숙 (기대어 앉아 눈 멀거니 뜨고)

한동안 사이.

은비 (E) 여보…… 여보?

미숙 (좀 일어나듯 하면서 하나 건너 앞자리의 은비에게) 왜, 왜 그래?

은비 나 배 아파. 우리 그이 좀 깨워줘 미숙아.

미숙 그래 알았어. (빠져나가는데)

준하 (은비 바로 뒷자리에서 자다가 깨서) 아퍼? 배 아프니? 너 배 아퍼? 애기 나올려구 그래? 응?

은비 소리 지르지 말구 조용해 작은오빠.

준하 (이미) 어이 매제! 병규! 병규야!

병규 (깨며) 예? 예?

준하 (O.L) 은비 배 아프대. 빨리 이리 와 빨리. (모두 깬다) 아니, 여기서 젤 가까운 병원 어디지? 엉? 기사선생! (하는데)

윤하 (O.L) 우선 버스 좀 대라 그러구 은비 앞차루 옮기게 해. 여기 마땅한 병원 없어.

준하 어, 어 그래. 은비야 걱정 마라 응? 최악의 경우엔 형이 있으니까 아무 걱정 말라구. 여보세요, 차 좀 대주슈. 앞차한테 세우라는 신호 먼저 보내구, 버스 좀.

S# 71 약간 먼 거리 부감으로. 길옆에 대어지는 윤하의 승용차와 버스

승용차에서 아이들이 내리고 버스에서는 은비 부부와 준하·윤하 내린다.

무슨 일이냐고 묻는 듯한 아들 뒤통수 버스로 먼저 밀고, 나머지 아이들도 쫓듯이 버스로 몰고 마치 진두지휘하는 것처럼 동작 크게.

출발해서 멀어져가는 버스 꽁무니 좀 오래다 싶게 두었다가.

(F.O)

마감 타이틀.

끝

혼수 婚需

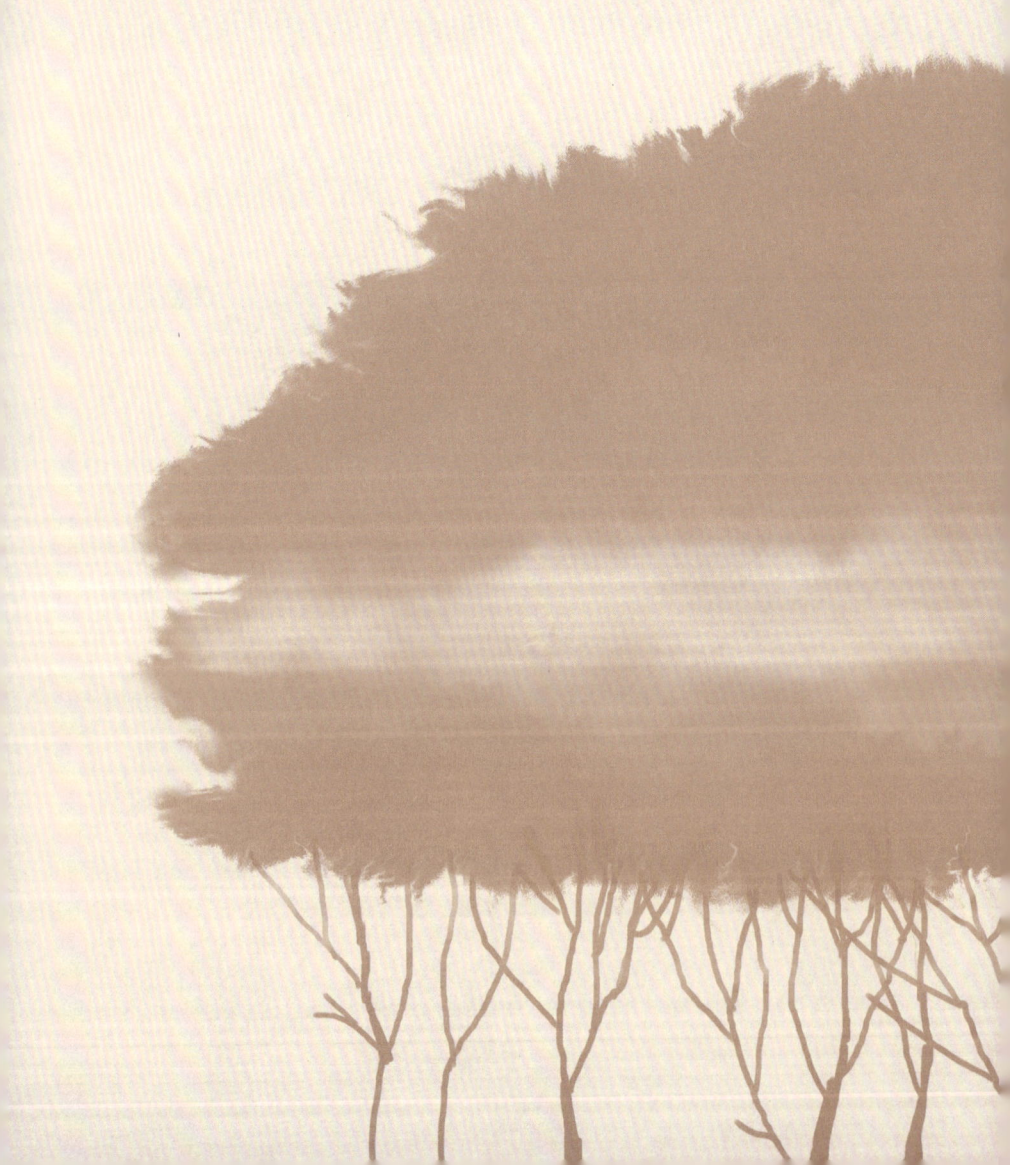

추석특집극

2003년 9월 12일 KBS 방영(정을영, 박호경 연출)

대학을 졸업하고 은행에 입사해서 오늘까지 근무하고 있는 승주는 대학 동아리에서 만난 정일과 5년째 사귀는 중이다. 정일 쪽에서 결혼 얘기가 없는 것이 마음에 걸린 승주는 정일에게 결혼 아니면 이별을 선택하라고 한다. 그러나 너무나 환경이 다른 두 집안. 탐욕과 과시에 지나지 않는 과한 혼수를 요구하면서 벌어지는 두 집안의 갈등은 우리의 현실을 여과 없이 보여줌으로써, 물질신봉으로 피폐해진 우리 시대의 정신적인 현주소를 들춰냄과 동시에 그로 인해 잃게 되는 것이 무엇인지 시청자들로 하여금 생각하게 한다.

출연· 김현수, 김정현, 김해숙, 김용림, 백일섭, 박현숙, 김규철, 김명수, 김나운, 김응석, 허윤정 외
출처 : http://www.kshdrama.com

제1부

S# 1 **은행 강남지점 탈의실

　　　퇴근 준비하고 있는 여행원 셋.

행원1　(옷 갈아입으면서) 뭐 존 일 있어?

행원2　(화상 손실하면서) 소개딩요.

행원1　능력 있어어.

행원3　(스타킹 끌어올리면서) 능력이 아니라 인맥이 존 거지이.

행원2　워낙 인간이 많은 집안이라 한 사람이 한 건씩만 물어와두 서른일곱 건이거든요.

행원3　그게 바루 인맥이지이.

행원1　(거의 함께) 부럽다아아아… (하는데)

승주	(들어오면서) 아우 증말 못말리는 회장님이셔어. 어떻게 진짜 사흘 돌이루 볶아먹어어. (셋 보면서 발 구르듯)
행원1	승주하구 통화하는 게 좋아서 그러시는 건데 좀 봐드려.
승주	?
행원3	어? 나두 그런 생각 했는데.
승주	기막혀.
행원1	오실 때마다 너 바라보는 눈이 얼마나 그으윽하니, 웅?
행원2	킬킬… 언니 먹으라구 케이크두 잘 사오시구요.
승주	나 먹으라구가 아니라 나눠 먹으라구지이이이.
행원3	나눠 먹으라구 딴 사람 준 적 없어 야. 꼭 너 주지. 그건 말은 나눠 먹어라지만 너 준 거야. 우린 니 덕에 사는 거구.
행원1	맞어 맞어.
승주	(옷장 열면서) 아우 좋아, 그래 맘대루 해. 칠순 할아버지가 나 좋대서 뭐에 쓰게. 케이크니 뭐 그런 거 안 갖다주시구 대출이자 깎아내라는 소리 좀 그만했으면 좋겠어. 맨날 똑같은 소리 / 예금이자가 얼마나 내렸는데 니들 도둑 아니냐. (손 멈추고 동료들 돌아보며) 내가 은행장야?
행원1	은행장 아닌 거 그 할아버지두 아시지이이이.
승주	(다시 움직이며) 전화 하실 때마다 도둑 소리를 서른 번은 할 거야 아마 / 도둑 도둑 도둑 도둑 / 듣구 있다보면 내가 도둑인 거 같은 기분이 든단 말야. 아이 신경질 나. (정말 짜증나서)
행원3	뭐 / 하니?
승주	? (잠깐 돌아보고는 무슨 뜻인지 안다) 하긴 뭘 해. (부어터져서)

행원3   하루이틀두 아닌데 신경질까지 날 거 뭐 있어.

승주   하루이틀 아니니까 그렇지. (에서)

S# 2 강남 대로변의 **은행 ***지점 앞거리

잠시 두었다가 은행에서 나오는 네 여행원들. 나오면서 각각
잘 가 / 안녕 / 적당히 인사하면서 흩어진다.

승주   (한 방향 잡아서 걷기 시작하는) …… (땅 보면서 무표정에 가
까운 우울)

S# 3 카페 골목으로 들어오고 있는 승주 여전한 모습

S# 4 어느 카페 옆

유리로 발라진 카페 옆을 스치다가 문득 걸음 멈추고 보는.

승주   …

유리를 통해서 보이는 창가에 앉아 신문 보고 있는 정일. 제대
한 지 두 달 된 머리.

승주   …… (무표징한 얼굴로 보고 있다가 추스르듯 하고 카페 출입
구 쪽으로)

S# 5 카페 안

승주   (아무 일 없는 듯 가벼운 걸음과 얼굴로 들어서서 곧장 정일
쪽으로 가 푹 앉으며) 일찍 왔어? (밝게)

정일   (고개 들고 웃으며) 응 한 시간 전.

승주	그렇게나?
정일	(픽 웃듯) 백수가 뭐. 집에 있는 거보다 이러구 너 기다리는 게 더 나아. (신문 옆의자로 놓으며) 그런데 말야, 나 시간 별로 없어.
승주	? 왜애?
정일	(E) (승주 위에 연결해서) 나오다 연락 받았는데 형수 생일이래. (맥 빠지는 승주)
정일	(연결) 식구들 저녁 먹는데 빠지면 안 된다구.
승주	(맥 빠진 채 그냥 보며) …
정일	군대 때매 나 / 형수 생일 첨이잖아. /
승주	(포기 / 끄덕이며) 됐어 / 알았어. … (안 보며 옆에 놓았던 핸드백 당겨 무릎으로 옮기며) 근데 우리 집두 오늘 행사 있는데 나는 빠진다구 했거든? (하고 보며 조금 웃으며)
정일	? 무슨?
승주	우리두 생일이야. 언니.
정일	어어 같은 날이네?
승주	(잠깐 웃으며) 그러네? (맞장구치듯)
정일	야 그럼 잘됐다아… (편해져서) 각각 집 볼일 보구 내일 만나자. 어디 가볍게 인천쯤 갈까? 바다두 보구 회두 먹구… (잠시 보다가) 어 아니면 영화나 몇 개 때리든지. 너 보구 싶다는 게 뭐였지?
승주	(가만히 보며) …
정일	삐졌니?

승주 (보며) 아아니?

정일 … (잠시 보다가 조금 웃는) 너 삐지면 바루 그런 얼굴 되잖아. 마알가니 사람 보는 거.

승주 … (그대로 보는)

정일 그러다가 다다다다다다다 정신 못 차리게 몰아붙이잖아. 나두 이제 너 다 꿰. (전혀 심각하지 않다)

승주 (그대로) …

정일 야 겁나. 그러지 마. 오늘은 불가항력이야. 형수 생일이라는데 그것두 첨인데 어떻게… (빠진대)

승주 (느닷없는 느낌이 들게 O.L / 가볍게) 저기 있잖아. / … 결혼할 생각 없는 거지.

정일 ? … (잠깐 보다 픽 웃으며) 뭐야 왜. 너랑 안 놀구 형수 생일에 간다구?

승주 (O.L의 기분 / 웃으며) 사실은 오늘 내가 진짜 근사한 데 가서 뽀다구 나는 저녁 쏘구 폼나게 와인두 마시구 / 우리 그만 여기서 빠이빠이 하자 / 멜로드라마 주인공처럼 분위기 잡구 멋있게 그럴려구 했는데 (코 찡긋하며) 난 그 복두 없다. 시간 없다니까 (어깨 추썩하면서) 뭐 내 돈 굳구 오히려 잘됐네. 그냥 여기서 하지 뭐.

정일 … (보다가 또 좀 웃으며 달래듯) 왜 그래애.

승주 (O.L) 이쯤에서 빠이빠이 하구 각자 갈 길 가자 선배.

정일 (진지해져서 보는) …

승주 나 울며 불며 그건 안 하기루 작심했었거든? 하루이틀두 아니구 오 년인데 뭐 / 피차 가슴 설레구 생각만 해두 행복하구 보구 싶어 미칠 거 같구… (잠깐 사이 두었다가) 만약 내 콩팥이 필요하다면 당장 떼어준다 그런 감정들두 / 이젠 우리 퇴색될 대루 퇴색됐잖아. 그래서 지금은 우리 헤진대두 울구불구 그럴 거 같지두 않지만 / 그치만 와인 마시구 살짝 취하면 어떻게 될지 잘 모르겠어서 좀 걱정했었는데 술 안 마실 테니까 그 걱정두 할 거 없네 뭐. 다행이다.

정일　(웃음기 없이 O.L의 기분) 이유가 뭐야?

승주　결혼하구 싶은 생각 없잖아.

정일　누가 그래.

승주　결혼하자 소리 한 적 한 번두 없잖아.

정일　꼭 말루 해야 해?

승주　행동으루 한 거두 없잖아. 우리 집에 드나든 건 벌써 옛날부터면서 나 / 니 부모 아직 / 인사두 못 드렸어.

정일　야 그건 /

승주　(급한 손길로 소지품 챙기면서 감정이 차오른다) 제대한 지 두 달이 넘었어. 나 스물여덟 됐구. 나 먼저 일어날게. 잘 지내. 나두 잘 지낼게.

정일　(일어나며 잡는) 야, 승주야.

승주　(손 떼어 거칠게 빠른 걸음으로 나간다)

S# 6 카페 밖 거리

승주　(카페에서 나와 눈 부릅뜨듯 하고 빠른 걸음으로 걷는)

잠깐 사이 두었다가.

정일 (뛰어 나와 따라붙으며 팔 잡는다)

승주 (모질게 뿌리친다)

정일 (다시 잡으며) 야.

승주 (뿌리치려 하지만 정일이 안 놓친다) 이럴 거 없어. 됐어. 이거 놔.

정일 (안 놓는다)

승주 (보며) 빨리 놔. 챙피하게 만들지 말구 놔… 노란 말야. (화내지
말고)

정일 (잡은 채 / 언성 높이지 말고) 느닷없이 이게 뭐야. 너무 일방
적이잖아.

승주 (기막혀 웃듯 하며) 그래애. 일방적이라 소리 잘했어. 나 / 일
방적으루 나 혼자 해바라기 이제 그만한단 말야. 결혼할 생각
두 없는 사람이랑 내가 골이 썩었니? 이제 그만한단 말야. 말귀
못 알아들어? 그만해. 끝내자구. 응? (악은 쓰지 말고 / 지나가
는 사람들에 아무 상관 없다)

정일 결혼할 생각 없다구 글쎄 누가 그래. 누가 그런 말 해!

승주 보면 그래. 보면 알아. 없어.

정일 야… (달래려)

승주 (정일과 상관없이 연결) 괜찮아아. 솔직해두 돼. 상관없다니
까아?

정일 (낚아채듯 승주 팔목 낚아채 끌고 간다)

승주 (입 꽉 다물고 끌려가듯)

S# 7 주변 어느 공용주차장 한구석

승주 　하루이틀 생각한 거 아니구 하루이틀 느끼구 있었던 거 아냐.
　　　이해할 수 없는 거 참 많아. 그 집에선 도대체 나를 어떻게 알
　　　구 있는 거야. 오 년 동안 그 집 엄마나 여동생이 적어두 서른
　　　번은 너 찾는 내 전화 받았을 거야. 누구냐구 아들한테 질문두
　　　안 해? 아들한테 전화하는 여자 궁금하지두 않아?

정일 　너 알아. 아셔. 다 알구 있어.

승주 　그럼 질문 있어. 그냥 귀찮게 쫓아다니는 약간 또라이 별 볼일
　　　없는 애라구 해놨니?

정일 　(달래듯) 말 안 되는 억지소리 좀 하지 마.

승주 　그럼.

정일 　… (보며)

승주 　그러엄! (올라서)

정일 　군대 가 있었잖아. 군생활하면서 결혼한다 그래? 제대한 지 이
　　　제 얼마 됐다구.

승주 　(O.L) 결혼할 여자라 소린 했어? 인산 왜 안 시켜. 군생활하면
　　　서 결혼할 여자 집안에 인사시키는 거 군법회의감이니?

정일 　(그저 지그시 승주 보면서 속만 답답하다)

승주 　아니면 나 모르게 벌써 장가가 애 낳구 살구 있니?

정일 　(보며) …

승주 　(답답해서) 말을 해애. 괜찮아. 나 뭐든 받아들일 준비 됐다니
　　　까? 오늘 우리 끝내는 거야. 끝내는 참에 못할 말이 어딨구 못
　　　들을 말이 어딨어. 응?

정일	… (그저 보며)
승주	싫증났지… 싫증났으면 싫증났다 그래. 나랑 결혼할 생각이 안 들면 안 든다 그래.
정일	(땅으로 고개 꺾고)
승주	나정일.
정일	(나정일의 끝에 물리게 고개 들며 O.L) 승주야.
승주	(O.L) 그동안 잘 데리구 놀았다 / 그럼 / 그래 나두 잘 놀았다 / 간단하잖아.
정일	그런 돼먹잖은 말이 어딨어! (좀 올라서)
승주	(마주 올라서) 돼먹은 말은 뭔데! 언제 결혼하냐 왜 아무 소리 없냐 결혼을 하기는 할 거냐 / 우리 집에선 식구마다 압력 주는데 너는 꿀 먹은 벙어리구! 그 집에선 내 존재 같은 거 없는 거나 마찬가지야. 자존심이 얼마나 아픈지 알아? (울음이 터질 듯)
정일	알아. 알 거 같애.
승주	알아?
정일	알아.
승주	그런데.
정일	(보며) 우리 집 니네 집 같지 않아. 너 적응 힘들 거야.
승주	… (서늘해져서 보다가) 고작… 그게 핑계야? 그냥 결혼하기 싫다 솔직하게 말해버려. 괜찮다니까?
정일	승주야.
승주	얘기 그만하자. 연락하지 마. 나 핸드폰 바꿀 거구 은행으루두 집으루두 전화하지 마. 안 받을 테니까. 응?

정일	(보는) …
승주	알았어? … 알았어?
정일	그래 알아들었어.
승주	…… (보다가 미련 없이 빠른 걸음으로 움직여 멀어진다)
정일	… (보면서)

S# 8 주차장을 나서서 걷는 승주

승주	(줄줄 흐르는 눈물 손끝으로 닦으면서. 얼굴은 우그러질 필요 없음) ……

S# 9 버스정류장 / 어두워지기 시작하는 시각

버스 기다리는 사람들 가운데 묻혀서 이 악물듯 하고 표 안 나게 눈물 훔쳐내고 있다.

S# 10 아파트 동네로 들어오고 있는 승주(길 필요 없음) / 밤

S# 11 아파트 안 승주의 집 현관과 거실

40평 남짓한 규모.

진숙	(현관문 열면서 / 반가운) 춥지? 얼른 들어와 얼른. (잡아들이듯)
승주	(폴짝 뛰어들듯 하면서 반갑게) 반갑지 엄마. (하며 진숙의 팔 잡는다)
진숙	(한 팔로 어깨 싸안듯 하며) 늦는다더니 웬일야. 지금 막 시작하던 참야. 빨리 옷 갈아입구 손 씻구 나와 응?

승주	엉 빨리 하께 엄마. 그냥 시작해요. (하며 거실 쪽으로 움직이며) 형부 안녕하세요?
상훈	(연주 도와 상에 음식 자리 잡으면서) 어 어서 와 처제.
승주	(연결하듯) 재우야 넌 이모 보구 아는 체두 안 하기야? 안녕?
재우	안녕하세요.
상훈	인마 니가 먼저 해야지이. (가볍게 쥐어박으며 / 재우 - 해해 해해)
승주	(제 방으로 움직이며) 빨리 할 테니까 먼저 시작해요. (제 방으로 아웃)
진숙	(다가와 상 내려다보며) 이제 국만 나오면 다 되나? (혼잣소리처럼)
연주	(큰 빈 쟁반 들고 일어나며) 내가 하께요 엄마.
진숙	(쟁반 빼내면서) 앉아 있어. 주인공이 왜 그래.
연주	(쟁반 도로 뺏으며) 주인공은 무슨. 내가 한다니까요오? (주방으로)
상훈	예, 앉으세요 앉으세요 장모님.
진숙	(별수 없이 자기 자리에 엉거주춤 앉으며 상 음식 움직이면서) 좀 들어가보지이.
현주	(자기 보고 하는 얘기 줄 모르고 신문 보며 그대로)
진숙	으응? (과 동시에)
상훈	처나암.
현주	? (보는)
진숙	좀 들어가 보라구우.

형주　　나지면 나오겠죠. 내버려두세요.

진숙　　어이 들어가봐.

형주　　(별수 없이 신문 치우며 동시에 일어나며) 잘 거예요 아마.

진숙　　자거든 내버려두구.

형주　　(제 방으로 들어간다)

상훈　　전혀 효과가 없어요 장모님?

진숙　　글쎄에. 어지럽다 소릴 좀 덜하나아 어쩌나. 아직은 그러네에.

상훈　　빈혈이 그게 약 먹는다구 금방 낫는 게 아니라구 저 사람 그러는데요?

연주　　(큰 스텐 국냄비와 국그릇들 국자 챙겨 들고 나오며 O.L의 기분) 국이 아주 제대루 달아서 맛있는데요?

진숙　　(좋아서) 그래? 간이 맞어?

연주　　네, 딱 고거 / 딱 그 간 / 딱 그 맛이에요.

진숙　　(국그릇 내리기 시작하면서) 살았다 / 연주한테 합격했다아.

상훈　　(기웃이 열리는 국냄비 들여다보고) 어 이 세상에서 젤 맛있는 우리 장모님 육개자앙.

진숙　　연주 무서워 조마조마하며 끓였어.

상훈　　입맛 까다로운 거 죽이죠오. 아주 심해요오.

연주　　덕분에 맛있게 얻어먹구 살잖아.

상훈　　그건 그래 허허 그래.

연주　　(O.L) 안 나오니? (승주 방에 대고)

S# 12 승주의 방

승주 (집에서 입는 옷 입고 벗은 옷 침대에 아무렇게나 / 침대 모서리에 앉아 있는)

연주 (E) (연결) 국 식어. 빨리 하구 나와아.

승주 엉 나가아. (하고 일어난다)

S# 13 거실

식사가 시작되는 상황.

승주 상다리 아주 부러지네. 언니 뭐 했다구 이렇게 잘 차려주는 거지? 출가외인인데 말야.

연주 출가외인 인간차별 하자구?

승주 점점 더 잘 차려주는 거 같아 어째 / 오빠 그런 생각 안 들어?

형주 (먹으면서) 너두 빨리 시집가. 그럼 너두 잘 차려주실 거야.

수경 (형주의 아내) 그게 아니라 작년 가을에 형님 발목 인대 늘어나 고생 많이 하셨잖아요. 살림하면서 직장 다니느라 동동거리다 그렇게 된 거라구 안쓰러서 이번엔 더 잘 차려주자구 작정하셨대요.

승주 생일상 잘 받을려면 그럼 나두 어디 다쳐야겠네?

진숙 에이 (질색하는) 그런 소리 하는 거 아냐. 그러지 마.

형주 생일엔 미역국 먹는 거 아니에요?

진숙 어 그게…

수경 (O.L) 아침저녁으루 미역국 너무 지겨워서 내가 싫댔어요. (애교 있게)

진숙	연주가 아침에 미역국은 먹었다 그러구 / 육개장 먹구 싶대서.
승주	어으 잘했어 엄마. 새언니 피 만들라구 날마다 미역국 / 나두 메슥거려.
수경	그걸 죽어두 먹어야 하는 나는 어떻겠어요.
연주	피만 만든다 그럼 우리 엄마 아마 바퀴벌레라두 볶아 먹일걸? (모두 조금씩 웃는데) 바퀴벌레 아닌 게 다행이라 생각해.
수경	(느닷없이 눈 감으며 형주 팔에 얼굴 대는 / 반은 쓰러지듯) 아으으으으.
형주	(보며 에이 참 하는 얼굴) …
수경	(눈 감은 채) 아으 아으아으 죽겠네에 진짜.
진숙	(안쓰러워) 쯔쯔쯔쯔쯔… 괜히 불러냈나?
수경	저녁은 먹어야죠오. 얼른 드세요. 신경쓰지 마시구 드세요들.
연주	빨리 좀 좋아졌으면 좋겠다 진짜아. 신경 쓰여.
진숙	약 먹은 지 얼마나 됐다구. (하는데)
수경	(기기 시작하면서) 아으 어머니, 저 들어갈게요.
진숙	어 그래. (수저 놓고 일어나려 하며) 쉬었다 이따 먹어. 좀 나아지거든 먹어. (하며 수경 부축해 일으켜세워 움직인다)
상훈	(보고 있다 방문 닫히자) 걱정이 많겠어 처남.
형주	(먹기 시작하며) 속 썩여요.
상훈	결혼 전에두 저랬나?
형주	어쩌다 한 번씩 어지럽다 소린 했지만 저 정돈 아니었어요.
연주	생리를 너무 심하게 하는 게 수상했었어. 일주일을 꼼짝 못하구 누워 있잖아. 그렇게 쏟으면 멀쩡한 사람두 빈혈 되는 거 아냐?

상훈   (E) (그저 먹기만 하는 승주 위에) 한약으루 못 잡나?

연주   (E) 한약두 먹었잖아. 뭐는 안 했어 머 그동안.

상훈   (E) 건강이 최고야. 아픈 데 없이 건강한 거 이상 복 없어.

연주   (E) 너 정일이 만난다구 했다면서.

승주   … (제 생각에 빠져서)

연주   애.

승주   ? 응?

연주   뭐 해애… 정일이 만난댔다면서.

승주   만났어.

연주   데리구 오지 왜.

승주   그 집두 오늘 형수 생일이래. 금방 헤졌어.

연주   호, 나랑 같은 날이네에?

승주   글쎄 말야.

형주   (안 보는 채) 너 / 정리 언제 할 거야.

승주   (잠깐 보고) 오늘 / 했어.

형주   (보는) …

연주   ? 뭘 해?

승주   엉… 끝내버렸어.

연주   ?

승주   결혼 안 할 거면 그만두자 그랬어.

연주   그런데…

승주   하자 소리 안 하드라구.

연주   ? … 결혼하자구 안 해?

승주   안 해.

연주   (형주 잠깐 보고) 그 자식 웃기네에? (형주 반응 없자 남편 돌아보며) 여보, 당신 말이 맞았나봐.

상훈   내가 사람은 좀 보거든.

진숙   (나오며) 누가 웃기는데?

연주   애 정일이 자식하구 끝냈대요 엄마.

진숙   (선 채) ? … (했다가 서둘러 앉으며) 왜애.

승주   오빠가 / 결혼 안 할 거면 그만 끝내래서.

진숙   ? … (형주 보는)

형주   그 자식 마음에 안 들어요.

연주   나두 맘에 안 들어…

진숙   결혼을… 안 한대?

연주   안 할 거면 그만두자 그랬는데두 하자 소릴 안 하드래요.

진숙   … (난감한 위에)

연주   (E) 결혼 약속 없는 연앨 오 년씩이나 하는

연주   니가 맹추라구 했잖아.

승주   (혼자만 계속 먹고 있다) 응. 나 맹추야.

진숙   안 하겠대? (승주에게)

승주   할 생각 없나봐.

진숙   … (보며)

승주   뭐 됐어요. 나두 싫증나구 있는 참이구 (먹으며 별일 아니라는 투로) 정리할 때 됐어.

상훈   그런데 그 자식은 왜 못하겠다는 거야, 처제.

승주 　뚜렷한 이유두 없어요. 그냥 하기 싫은가봐요.

상훈 　… (잠시 처제 보다가 좀 느닷없이 숟가락 탁 놓으며) 그 자식 거 망할 자식이네에? 사귀기 시작한 게 언제부터야. 군대 가 있는 동안 처제 면회 몇 번이나 갔어. 셀 수두 없잖아. 처제 뽕을 그렇게 빼먹구 이제 와 결혼할 생각이 없다는 게 말이 돼?

승주 　뽕을 빼먹긴요 뭐 그런 거 없어요 형부.

상훈 　아 누구 남녀관계 몰라? 그러니까 교제 기간 너무 긴 거 안 좋다니까? (와이프에게 하듯) 내가 안 좋다구 했잖아.

연주 　우리 다 알구 있으니까 긴소리 할 거 없어. (하며 남편 숟가락 쥐어준다)

형주 　너 괜찮아?

승주 　? … (보고) 어 괜찮아. (먹으며)

형주 　깨끗이 정리하구 잊어버려. 좋은 상대 얼마든지 많아.

상훈 　똘똘한 검사 하나 묶어줘, 처남. 파투 났다니까 이제 말인데 / 뭐야 그 자식. 거 뭐 볼 거 있어.

진숙 　(O.L의 기분) 국 다 식었네. (하며 쟁반에 국그릇들 챙기려)

연주 　그냥 둬요. 이 기분에 국 데워 다시 먹게 생겼수?

상훈 　(E) (젓가락으로 뭔가 집는 승주 위에) 왜 그래, 난 먹어야는데.

진숙 　(E) 어 그래. 금방 데워다주께.

연주 　(E) 거의 다 먹었으면서 왜 엄마 귀찮게 해애.

상훈 　(E) 당신이 해애 그러니까. (여전히 먹는 승주 위에)

S# 14 고급 레스토랑

디저트 나와 있고.

복희   (커피에 크림 따르다) ? … (아들 보는)

정균 부부 / 나사장 / 정아 모두 정일에게 시선 집중.

정일   못 들으셨어요?

복희   그래 못 들었어. 뭐라구?

정일   저요, 승주하구

정균   (O.L) 야야야야 좋은 날 좋은 밥 먹구 너는 남의 경사에 초 칠 일 있냐?

정일   (상관없이) 승주하구 결혼하게 허락해주세요.

복희   (크림 따르면서) …

정일   결혼하겠어요.

복희   (그냥 크림 넣은 커피 젓는다)

나사장   애 뭐라구 하잖어어.

복희   (그냥 커피잔 들어 마신다)

모두   (복희 주시) ……

정균   … (엄마 눈치 보다가) 짜식, 어째 그렇게 쇠심줄이냐아 아직 두 안 끝났냐?

정아   아직두 만나잖아.

정균   만나는 걸 갖구 누가 뭐라냐. 엄마두 만나는 거까지는 안 말리시잖어. 결혼이 안 된다는 거지.

혜수   (차분하게 아무도 안 보면서) 결혼이 안 되는 거면 만나는 거두 말려야 하는 거 아니에요?

복희	구태여 말릴 거 뭐 있니. 결혼 전에 논 여자 한둘쯤 없는 사내가 어딨어, 요즘 세상에.
혜수	(어이 없지만 크게 표 나는 건 아니고 / 복희 보며) …
복희	싫증날 때까지 놀아 글쎄. 결혼한다 소리만 하지 말랬잖아. (아들 안 보는 채)
정일	저 노는 건 아니에요 엄마.
복희	(지나가는 웨이터에게 O.L의 기분) 여보세요?
웨이터	(얼른 다가와 서며) 예, 사모님.
복희	스테이크 고기가 질이 좀 떨어지네요. 요즘 고기 좋은 거 안 써요?
웨이터	그럴 리가 있습니까, 사모님.
복희	그럼 주방에 문제가 있나아?
웨이터	맛이 없으셨습니까?
복희	맛이 없었으니까 이런 소리 하죠.
웨이터	죄송합니다. 다음에는 특별히 더 신경 쓰겠습니다.
복희	커피맛 역시 전만 못하구.
정일	엄마 (O.L)
복희	(상관없이) 비싼 돈 내구 맛없으면 얼마나 (하는데)
정일	(테이블 한 손으로 탁 치듯이 하며 동시에 벌떡 일어나 휙 하니 나가버린다)
모두	? (해서 보고)
복희	저 녀석이?
정균	야 정일아. 정일아!!

혜수   조용해요. (못마땅해서) 딴 손님두 있어요.

복희   교양이라구는… 매너 좀 챙겨. (하면서 핸드백 집는다)

나사장 왜 가려구? 일어나려구?

S# 15 호텔 로비

복희   (화가 있는 대로 나서 식닥거리며 거친 걸음걸이로 나오고 있
       다 / 비싼 옷으로 치장은 했으나 비싼 값 못하는 조합에 걸음
       걸이도 어딘지 모르게 상스럽다)
       다른 식구들은 마치 복희를 모시듯 바로 뒤에 줄줄이 따라오고.

S# 16 현관 밖

       나오는 가족들.

복희   (나오다 막 택시 타려는 정일 보고) 야 이 자식아아아아! (지금
       까지의 교양 있는 척 다 날아갔다)

정일   (그냥 타려는데)

복희   (부르르 달려들어 잡아챈다) 어디루 내뺄라구, 어디루 내뺄라
       구우!

정균   (엄마 잡으며) 진정해요 진정하세요.

복희   (정일 옷자락 틀어쥔 채) 이 불효막심한 눔 이눔. 너 어떻게
       그러구 나가. 어디서 배워먹은 행위 보따리야. 에밀 개망신을
       시켜두 분수가 있지 이 자식아아아!

정아   (발구르며) 이게 더 개망신야아아아.

복희   ? (그 소리에 힐끗 딸 돌아보고 이어서 다른 구경꾼들도 빠르

게 훑어보고) 집에 가자. 집에 가서 얘기해. (나직이 하고) 차 안 불렀니? (큰아들에게)

정균   아 차 부를 겨를이 있었어야죠. (하고 도어맨 쪽으로) 여보슈. (하고 자동차 넘버 두 개 가르쳐준다)

복희   (아들은 놓고 숨 고르면서 째지게 아들 노려보는)

정일   … (땅 내려다보며)

복희   (문득 시선으로 찾아보며)

나사장·혜수(아주 저만큼 떨어져서 나사장은 딴청 피우고 있고 혜수는 바닥으로 고개 떨구고)

복희   집에 가서 봐 당신. (에서)

S# 17 고급 주택가 골목 / 어느 집 앞

두 대의 차가 멈추고 두 대에 나눠 탄 가족들 내린다. 나사장 / 복희 / 정일 / 정아가 지프에, 정균 부부 다른 차에.

정균   (대문으로 움직이고 있는 엄마와 그 엄마 어깨를 싸안고 들어가는 아버지 쪽 보면서) 즈이는 그냥 올라갈게요 엄마.

복희   (E) 혜수만 보내구 넌 들어와…

정균   들어오라시네. (아내에게)

혜수   (아무 말 없이 차로 오르려는데)

정아   인사두 안 하구 가요?

혜수   안녕히 주무세요, 아가씨. (차에 오른다)

정균   차 보내.

혜수   (대답 없고)

자동차 뜬다.

정아   잘난 거 하나두 없이 거만하기는…

정균   야, 뭐 기분이 좋겠냐. 망신당하구 들어오는데.

정아   아빠랑 새언니는 백 미터나 떨어져 있었는데 무슨 망신이야. 어으으 진짜 못 말려 우리 엄마. (하며 들어가고)

정균   … (조금 치켜보듯 정일 보는) … 얀마, 너는 왜 엄마 말 안 들구 평지풍파 만들어어. 다 같이 뱃속 편하게 엄마 말 들어.

정일   … (땅만 내려다보면서)

정균   야, 여자 한 이불 속에서 석 달 자구 나면 다 똑같아아. 별거 아니라구.

정일   (대꾸 없이 대문으로 돌아선다)

S# 18 거실

가정부 두 손 노래할 때 잡듯 잡고 서 있는 위에.

복희   (E) 당신이 남편이야?

복희   (소파의 쿠션 차례로 남편한테 집어던지면서) 당신이 아버지야? 당신 뭐 하는 사람이야. 아들놈이 버릇없이 굴면 내가 뭐라기 전에 애비라는 사람이 혼쭐을 내야지 입 헤에 하니 벌리구 앉아서 앞집 불났어? 불구경해? 구경났어어엉?!!! (두 주먹 부르쥐고 노려보며 악쓴다)

나사장   (선 채로 날아오는 쿠션들을 막는 것도 아니고 그저 두 손 머리 위 감싸고 서서 당하고) 웨이터두 있구 며늘애두 있는데 그럼 어떡해애. 멱살잡이라두 해야 했다는 거야?

복희 내 자식 내가 야단치는데 누가 뭐래!

나사장 아 나는 당신이 가만있길래 가만있어야 되는 건가부다 그랬지이. 당신이 화를 냈으면 내가 뛰어나가 혼냈지 그냥 있었을까.

복희 어이구 / 어이구어이구 (다시 하나 던지고 / 다른 거 집으며) 입틀어졌다구 말은 안 막히지, 말은 안 막혀. (다시 던지는데)

정일 (앞서 들어온다 / 곧이어 정균이도)
나사장이 날아오는 쿠션을 피하고 / 들어오던 정일이 쿠션을 손으로 받는다.

정균 하하하하 엄마 또 쿠션날리기 하세요? 하하…

나사장 얀마 너어! 그게 어디서 배워먹은 버릇야! 집두 아니구 밖에서 그것두 대한민국에 한다 하는 사람들만 오는 최고급 식당에서 엉? 니 엄말 그렇게 망신줘야겠어?

정균 (작게) 야 빨리 빌어.

복희 (소파에 폭 앉으며) 하이구 나만 망신인 줄 알어. 자기는 뭐 망신 아냐? 내가 데리구 들어온 자식이야?

나사장 맞어. 너 니 엄마하구 내가 그렇게 우스워?

정일 잘못했습니다.

나사장 그러엄 잘못했지. 얘 잘못했대 여보.

복희 이리 와 앉어. 당신두 오구 너두 와.

정균 (나사장은 움직이는데 / 움직이며) 정아는요.

복희 아 됐어. 그깟 년은 없어두 돼.

정균 (정일 쿡쿡 찔러서 소파로 / 나사장은 이미 앉아 있다)

복희 (두 아들 앉는데) 미세스 킴은 그만 구경하구 들어가 수정과나 좀 내와.

가정부 네에. (움직이는데)

복희 나 냉수 먼저 주구. (상의 벗으며)

가정부 네.

복희 (벗은 상의 아무렇게나 옆에 놓으면서) 걔가 김희선이니 김혜수니 이승연이니 송윤아니? 도대체가 뭐에 홀려서 그렇게 빠져나오질 못하구 헤매닥질을 치는 거야 이 자식아. 응?

나사장 이 자식 저 자식 하지 말구 내려 내려. 핏대 내리구 점잖게 좋은 말로 해.

복희 (아직도 조금은 식닥거리면서 아들 노려본다)

나사장 눈에 힘두 빼구 응? 당신 눈 지금 무서워요오.

복희 (남편 벌컥 떼밀며) 아 좀 떨어져 앉아요. 냄새 나.

나사장 마늘두 안 먹었는데 무슨 냄새가 난다 그래애.

복희 당신한테서는 느을 항상 마늘내가 나요. 하두 마늘을 먹어서 당신 마늘루 태어날 테니까 그런 줄 알아. (가정부 냉수 내와 탁자에 놓는데)

복희 (놓자마자 집어서 벌컥벌컥 반 넘게 비우고 내려놓으며 / 한결 차분하게 / 따뜻하기까지) 이 세상에 남자가 반 여자가 반이야 정일아. 안 그루?

나사장 그렇지.

복희 맹꽁이같이 굴지 말구 엄마 말 들어. 인물 좋구 집안 좋구 머리 존 색싯감 널리구 널렸어 이 애물아.

정일 …… (엄마 안 보는 채)

복희   어디 결혼할 상대가 없어 삯바느질하는 홀어머니에 그런 집에
     서 데려오겠다는 거야아. 나보구 어떻게 그런 며느릴 들이라는
     거냐구우.

나사장 삯바느질이 아니구 한복집이래잖어.

복희   그게 그거예요.

나사장 꼭 그렇지는 않지이. 그럼 내 재봉소하구 양장점하구 같게?

복희   (묵살하고) 내가 뭐 그렇게 뻑적지근한 재벌집에서 며느릴 보
     겠다는 거두 아니구 기본은 돼 있어야 할 거 아냐아. 큰애 너
     어떻게 생각하니.

정균   안 돼 있는 거보다 돼 있는 게 백번 낫죠오.

복희   없는 집 사위가 얼마나 피곤한지 너 몰라서 그래애. 하네 안 하
     네 해두 없는 처가는 뭘루 부담을 줘두 부담이 되는 거라구우.

정일   (안 보는 채) 밥 먹구 살아요.

복희   (발끈) 요즘 세상에 밥 못 먹구 사는 집이 어딨어.

정일   내가 부담스럴 정도루 그 정도 아니란 말이에요.

복희   그걸 어떻게 알어.

정일   (어차피 말 안 통하는 엄마다 / 작은 숨 내쉬듯이 하며 고개 옆
     으로 / 숨소리 들릴 필요 없음)

복희   (E) (정일 위에) 그걸 지금 니가 어떻게 알어.

정일   (엄마에게 고개 돌리며) 그 집 식구들을 보면 알아요. 누구한
     테 덕볼려구 들 사람들이 아니에요.

복희   지금이야 양가죽을 뒤집어쓰구 있겠지이.

정일   엄마 (진행과 상관없이 가정부 수정과 내놓고 들어간다)

복희	(연결) 그게 다 너 잡으려구 공작하는 거야 이 맹물아아. 없는 사람들 비굴하면서 교활한 거 년 몰라. 니가 뭐 세상물정 아는 애니?
정일	제가 뭔데 그 집에서 저 잡으려구 양가죽 뒤집어쓰구 공작해요. 제가 뭔데요.
복희	니 몫으루 돌아갈 재산이 얼만데.
정일	(정말 싫증 나 죽겠다 / 화가 치밀어서) 그 집 식구들 그런 거 몰라요. 개두 몰라요. 그저 밥 먹구 사는 거보다 조금 난 정도 루밖에 몰라요.
복희	개 검사 오빠가 뒷조사 안 했을 줄 알아?
정일	(그저 엄마 보는 위에)
정균	(E) 어어어 그럴 수두 있겠네요 엄마.
복희	느 엄마 귀신이야. 깔보지 마.
정일	(O.L) 그럼 집하구 상관없이 결혼하겠어요. (하고 일어난다)
복희	??? (해서 올려다보는)
나사장·정균	(황당)
정일	자식 하나 없는 셈 치세요. (하고 제 방 쪽으로 움직이려 하는데)
정균	(일어나 왈살스럽게 정일 잡으며) 얀마, 너 돌았어? 돌았니?
정일	생각이 너무 다르니까 더 얘기할 수두 없잖아. (하고 형 손 떼는데)
정균	(끌어 앉히며) 앉어 앉어 인마, 아무리 니 생각이 어쩌구 그래 두 너 부모님 앞에 이러는 건 아니다. 너 후레자식이냐?
정일	…

복희   ······ (아들 보면서)

나사장 (푸욱 기대어 앉으며 천장으로 고개 조금 들듯 하고 한 손으로 목 언저리 북북 긁는다) ···

정일   ··· (아무도 안 보면서 입 꾸욱 다물고)

S# 19 승주네 거실

연주   (후후후 한꺼번에 촛불 끄고)

         모두 박수치는 / 식탁 위 밥상은 깨끗하게 치워져 있고 케이크 한 쪽씩 먹을 차례다.

연주   (케이크 자르면서) 배불러서 못 먹을 테니까 일 센티씩만 줄 거야.

수경   저는 많이 주세요 형님.

진숙   그래, 수경인 케이크 좋아하니까 많이 줘.

형주   내 꺼까지 이 사람 줘. 난 필요없어 누나.

진숙   (자기한테 내밀어지는 케이크 접시 형주 앞에 놓으며) 그래두 아냐. 생일 케이큰데··· 맛은 봐야지.

연주   이거 뭐야 다 부서시네.

상훈   조금 더 두껍게 잘라. 뭐야 이게 모양 안 나게.

연주   뱃속에 들어가면 범벅되기 마찬가지!데 뭐.

진숙   그래두 모양이 좀 그러네.

연주   (조금 두껍게 칼 넣으면서) 그러우? 그럼 두껍게 자른다아? 그 대신 남기지 말구 다 먹어야 해.

상훈   야야야야 건 너무하다 그건 처남댁 줘.

수경	네, 저 주세요. 호호. (접시 수경에게 넘어가고)
연주	재우야 그만하구 나와아.
	재우는 승주 방에서 컴퓨터 게임하는 중이다. 대답 없고.
연주	빨리 안 나와?!
재우	(E) 나 케이크 안 먹어요오.
연주	시끄러. 빨리 끄구 나와. 엄마가 가래?
재우	(E) 어이이이 알었어요.
연주	저놈으 게임 때매 암튼… 앤 아예 때 미는 목욕을 하나아. (욕실 쪽 돌아보며)

S# 20 욕실

승주	(샴프한 머리 수건으로 터번처럼 싸고 타월 가운 입고 거울 속의 제 얼굴 보면서 칫솔질하고 있는데 눈물이 툭툭툭툭 떨어지고 있다) …
연주	(E) 아직 멀었니? 케이크 안 먹어?
승주	어 먹어어어.

S# 21 정일 거실

복희	(맥이 좀 떨어져서) … 자식 하나 없는 셈치란 말이 너 무슨 뜻인데.
정일	… (안 보는 채)
복희	어엉?
나사장	아 의절하구 나간다는 뜻이지 뭐 어려운 말이라 뜻 물어?

복희	(발끈) 누가 뜻 몰라 그래?!
나사장	알면서 그럼 괜히 왜 물어.
복희	어이그으 참… 아버지라는 사람이 한심하기는… <u>쯔쯔쯔쯔쯔</u>.
나사장	<u>쯔쯔쯔쯔쯔</u>.
복희	? 그건 무슨 뜻이야?
나사장	당신이 한심하다는 내가 나두 한심해서 그래요.
복희	(남편 노려보다가 아들에게) 너 그러니까 / 끝까지 안 된다 그럼 내 자식 안 하구라두 개랑 살아보겠다구?
정일	네.
복희	뭘루… 너 돈 있어? 무슨 돈으루 결혼하구 먹구살 건데.
정일	…
복희	여자애 월급으루 먹구살래? 사는 건 처가에 빌붙어 문간방 하나 얻어 살구?
정일	그렇게라두 하겠어요. (엄마 보며)
복희	… (보다가) 그래 그럼 그렇게 해. 니 마음대루 너 하구 싶은 대루 해. 좋아.
나사장	여보.
복희	(상관없이) 나 겁주려구 그러는 모양인데 이눔아. 에미한테 어떻게 이럴 수가 있어 이 망할 자식아. 이게 자식 키운 보람이냐? 눈보라 휘몰아치는 엄동설한
복희	(E) (아아 또 나온다 하는 나사장 위에) 푸욱푹 삶는 오뉴월 복중 일년 삼백육십다섯 날 그저어 느이들 잘 먹이구 잘 입히자구
복희	(E) (역시 숱해 들은 노래 듣는 것 같은 정균 위에) 무능한 느

복희	이 아버지 대신 가뭄에 터진 논바닥 모양 손등이 갈라지면서 세에상에 돈 되는 일이라면 할 일 못할 일 죽을 둥 살 둥 버르작거려서 여봐란 듯 키워논 공이 그래 그게 겨우 이거냐? 기집애 때매 뭐가 어째? 뭐가 어째 이눔아아아아? (흥분하면서)
정균	(O.L의 기분) 엄마 엄마.
복희	(O.L) 너는 형이라는 눔이 뭐 하구 자빠졌어 이 자식아. 느이 아부지 자식 아니랄까봐 너두 똑같이 멜렐레냐 이눔아? 저눔 버르장머리 좀 못 고쳐?
정균	(버럭) 야 이눔아! 너 어디서 꼴 떨구 있어 이게. 너 정말 한번 혼나보구 싶어? (정일 멱살 잡아 일으키면서) 나와, 이 자식아. 너 오늘 내 손에 죽는 줄 알어. 보자보자 하니까 이게 뵈는 게 없어 아주. 어디 엄마 아부지 앞에 시건방야 이게. (현관으로 끌어내면서) 나와. 말루 안 통하는 눔은 매밖에 없어. 나와 나와 이 자식아! (여기까지는 제대로 하고 다음은 조용히 소곤거리듯) 일단 나가자. (하고는) 신 신어 빨리! (도로 고함친다) 형제 나가고.
복희	(숨 크게 끄으응 내쉬고 나서 힐끗 남편 본다)
나사장	(두 손 사타구니께에 마주 잡아 얹고 눈 내리고 묵묵히) …
복희	자?
나사장	자기는…
복희	그럼 뭐 생각하우?
나사장	별 생각 안 해… 뭐 아들 하나 없어지는구나 하구 있어.
복희	…… (보며)

나사장	골 한 번 나면 일년두 벙어리 시늉 하는 눔이잖어. (안 보는 채)
복희	(남편 손 왁살스레 잡아 사타구니께서 치우면서) 누가 떼갈까 봐 건 움켜쥐구 있어? 숭해빠지게⋯
나사장	착한 눔이 아니라 독한 눔이라구⋯ 착한 건 날 닮구 독한 건 당신 닮은 거야⋯
복희	⋯ (입 빼 물고 뿌우우우우우)

S# 22 정원 / 밤

정균	엄마하구 싸워서 이기는 사람 봤냐? 왜 미련한 쌈을 하려들어 너. 참 답답하다 진짜 답답해⋯ 답답해 답답해.
정일	⋯⋯
정균	인생 별거 아냐 너. 인생이 별거 아닌데 사랑은 뭐 별거니? 죽자 사자 사랑해서 결혼하구두 깻박 나는 커플 이 세상에 수두룩하구 / 나 모양 별 감정 없이 결혼해서두 또 잘사는 사람두 많어. / 그저 마음먹기 달린 거구 생각하기 나름이지 야 / 인생 문제에 정답이 어딨냐. 정답 같은 거 없어 너. 그냥그냥 대충 이거려니이 생각하면서 까다롭 피시 말구 얼렁얼렁 살어가면 / 그게 젤 뱃속 편한 거야. 까다롬 피면 필수룩 인생은 고달픈 거야. 너 이거 진리야.
정일	⋯
정균	담배 필래? 담배 주까?
정일	아냐 됐어요. (하며 먼 시내 야경으로)
정균	(담배 제가 물고 불붙여 내뿜으며) 이쁘니?

정일	… (그대로)
정균	아무리 이뻐두 밥 먹구 똥 싸구 오줌 싸구 트림하구 방귀 뀌구 자구 일어나면 입에서 냄새나구 다 똑같아 똑같아. 엄마한테 미운 털 박혀 줄 게 뭐 있니. 줄 거 없어.
정일	형은 그렇게 살어… (바닥으로 고개 내리며)
정균	비웃는 거지.
정일	(대꾸 없이 안으로 움직이는)
정균	(따라붙으며) 야야 정일아. 잠깐 서봐. (하며 잡는다) 너 정말 엄마 해치울 거니?
정일	… (보는)
정균	진짜야?
정일	(현관 쪽으로 돌아서는데)

S# 23 승주의 아파트 출입구

연주네 식구와 형주 진숙 한꺼번에 나오듯 나오는.

연주	엄마 춰. 빨리 들어가요. 재우야 뛰어. 여보 우리 뛰자. 엄마 빨리 들어가시게.
진숙	아이구 괜찮아 안 춰. 재우 잘 가라.
재우	할머니, 안녕히 계세요.
상훈	이 자식 꼭 어른 인사 먼저 받네 이거어? (모두 조금 웃고)
재우	(냉큼) 외삼촌 안녕히 계세요.
형주	어 그래 잘 가라.
상훈	들어가 처남. 편히 쉬세요 장모님.

진숙	어 잘 가.
연주	(문득) 아 저기 형주야… 너 승주한테 다른 말 더 할 거 없어. 그냥 내버려둬. 응?
형주	다른 말 할 게 뭐 있어.
연주	괜히 위로랍시구 어쩌구저쩌구 할 거두 없단 말야. 지가 알어서 하게 내버려둬.
형주	알았어. 그럴게.
상훈	그런데 말야 처남 그 자식 그거 그냥 내버려둬두 되는 거야? (새삼스레)
연주	내버려두잖음?
상훈	아구통이라두 돌려놓구 끝내야 되는 거 아니냐구. 너무 분하잖아 이거.
연주	(가볍게 때리면서) 애 듣는 데서 찟 / 조폭 출신 모양. 엄마 들어가. 가자. 뛰어 뛰어. (아들 손잡고 종종걸음으로 뛰듯이 하며) 여보 빨리 와.
상훈	어 그래. 그럼. (꾸벅)
진숙	어이 가… (보고 있다가) 서둘지 마아. 또 님어지면 어찔러구 그래애. 우리 들어갈 테니까 뛰지 마. 응?
	저만큼에서.
연주	(돌아보며) 흐흐흐흐 알었어요 엄마아…
	잠시 더 바라보는.
	더 멀어지고 있는 연주네 가족.
형주	들어가세요.

진숙	으응… (출입구 쪽으로 돌아서면서) 왜 그랬어?
형주	(돌아보는) …
진숙	지가 알아서 하게 내버려두잖구…
형주	나이두 있는데 아직 결혼 약속두 없이 그러구 있다니까 괘씸하잖어요.
진숙	건 나두 좀 걸리기는 했는데 그래두
형주	(O.L의 기분) 무책임한 눔이에요. 결혼할 거 아니면 빨리 접는 게 나아요. (앞서면서)
진숙	(잠시 아들 보다가 움직이며 혼잣소리처럼) 그렇게 실없는 애루는 안 봤는데에…

S# 24 승주 거실

들어오는 형주와 이어서 진숙.

수경	(거실의 둥그레 큰 교자상과 바닥 치우고 있는 중이다) 춥죠 어머니.
진숙	그마안해. 놔두구 어이 들어가 쉬어. 종일 고단했어. 응?
수경	다 했어요. (하고 일어서다가 또 피잉 어지러워 도로 주저앉는다)
진숙	(보며) 에이구 차암… (안쓰러워) 놔두구 들어가. 내 빨어노께. 데리구 들어가.
형주	놔두세요. 아무래두 꾀병에 속는 거 같어요.
수경	어머머.
형주	주무세요.

진숙   (웃으며) 어 잘 자. (형주 제 방으로 들어가고)

진숙   (주방으로 돌아서며) 들어가 아이 (하는데)

수경   (벌떡 일어나며) 당신 진짜 날 (하다가 아예 픽 하고 옆으로 거의 쓰러지는데)

진숙   (잡으면서) 아이구 얘… 살살 일어나구 살살 앉으라니까. 증말 꽝 하구 싶어서 말 안 듣구 응?

수경   잊어먹어요. 어머니.

진숙   일어나 일어나봐… 괜찮아?

수경   (천천히 일어나며) 네.

진숙   (잡은 채) 안 잡아줘두 돼?

수경   네. 어머니 안녕히 주무세요.

진숙   그래. 수경이두 잘 자.

S# 25 주방

진숙   (E) 일요일이니까 일찍 안 일어나두 돼. 푸욱 자. (케이크 나눠 먹었던 접시들과 과일그릇 / 컵들 씻기 마무리 중인 승주 위에)

수경   (E) 네…

잠시 사이. 아들 방문 여닫히는 소리 들리고.

진숙   (들어오며) 어느새 다 치웠어?

승주   (돌아보며) 할 거두 없는데 뭐.

진숙   케이크 남은 거…

승주   (O.L) 어 집어넣었어. (웃어 보이며 / 언젠가 한 번 지적당한 적 있다) 한 번 먹기 좋게 조각내서 밀폐용기에 깔끔하게.

진숙 (웃으면서 / 슬그머니 마른행주 빼내려 하며) 이리 내구 그만
    들어가 쉬어.

승주 아냐아, 다 했는데 뭐.

진숙 … (보는)

승주 엄마 찻물이나 좀 올려줄래? 우롱차 먹구 싶어.

진숙 왜 오줌 잘 안 나와?

승주 아냐… 입 좀 개운하게 할려구.

진숙 (깨끗한 새 주전자 집어들면서) 그래 나두 한잔 마시자.

승주 ? 엄마 또 잠 못 자구 눈 (동그랗게 뜬 시늉 하며) 요러구 밤샐
    려구?

진숙 (물 받으며) 오늘 못 자면 내일 자지 뭐.

승주 (멈추고 엄마 보는) …

진숙 … (그저 물 받는)

승주 … (조금 더 보다가 다시 행주질 / 이 행주는 눈처럼 하얘야 합
    니다)

S# 26 주방 식탁

진숙 (앉아 있는 승주 컵에 차 따른다. 물 끓인 주전자가 아니라 다
    른 도자기 주전자) … (조금 따르고) 됐나 봐.

승주 (컵의 차 농도 보고) 응 됐어.

진숙 … (마저 따르고 자기 컵에도 따르고 마주 앉는다) …

승주 마시자 엄마. (눈 맞추고 웃으며)

진숙 (마주) 그래…

모녀 동시에 찻잔 집어 마시기 시작한다. 한 모금… 두 모금째.

승주 (입에서 컵 내리며) 눈치 보지 말구 하구 싶은 말 해.

진숙 … 해두 돼?

승주 … (잠시 보고 끄덕인다)

진숙 … 결혼할 생각이 없다구 해?

승주 하자 소리 안 하는 건 없는 거 아뉴?

진숙 뭐라 그랬는데?

승주 결혼할 거 아니면 그만두자 그랬다니까?

진숙 그러니까 그만두재?

승주 제대한 지 얼마나 됐다구 몰아세우냐는 투였어.

진숙 그건 나두 그런 생각은 들어. 제대한 지 얼마 되지두 않았는데
너무 서둘러서

승주 (O.L) 건 아냐 엄마. 군대 삼 년 제대한 지 얼마 안 됐구 그게
문제가 아니라 사귀면서부터 지금까지 결혼 얘기 자체가 한 번
두 없었다는 게 문제야… 누가 지금 당장 / 한 달 두 달 후에
결혼하자는 거 아니잖아. 웃기는 애야. 내가 결혼할 상대기는
한 거냐를 / … 기어이 내 입으루 확인하게까지 하는 거 / 나쁜
자식 아뉴?

진숙 내 생각에는 걔가 아직 취직두 못하구 그런 상황이니까

승주 (O.L) 나 당장 결혼하자 그런 거 아냐. 결혼할 생각이 있냐 없
냐만 물었다구. 있다구두 없다구두 아무 말두 못하더라구. 건
없다는 쪽으루 해석해야 하는 거 아뉴?

진숙 …… (보며) 정말… 끝낼 거야?

승주	결혼할 생각두 없는 놈이랑 내가 계속 세월 죽 쑤구 있었음 좋
	겠수?
진숙	내가 한번 보까?
승주	?? 엄마 미쳤수? 나 혼자 풀 쑨 오 년두 분통터져 죽겠는데 엄
	마까지 나서서 뭐 결혼해달라구 사정할려구?
진숙	아니이… 사정은 내가 뭐 꿀릴 게 있어 사정해… 그냥… 왜 그
	러는 건지 속이나 좀 알면…
승주	엄마 걔 속 몰라. 나두 걔 속 모르는데 엄마가 어떻게 알어. 걔
	속 안 내놓는 애야. 얘기했잖어. 주머니 속에서 돈 세는 인간처
	럼 답답할 때 많다구.
진숙	그래두 승주한테 잘했잖어.
승주	… 잘했나? 그게 잘한 건가? … 하긴 못한 건 아니지… 애는 착
	하니까… (하면서 좀 차오른다)
진숙	… (보다가) 혹시… 나 때매 아닐까?
승주	? … 말두 안 돼. …… 아냐.
진숙	… (그저 보는)
승주	모르는데 뭐.
진숙	…… (보며) 몰라?
승주	아냐.
진숙	(이윽히 보면서) …
승주	(찻잔에 차 조금 더 따르면서) 나 그만 잘래 엄마.
진숙	응 그렇게 해… (보며 조금 미소)
승주	(일어나며) 엄마 낼 일할 거 있어?

진숙   (따라 일어나며) 아냐, 한회장댁 막내딸 혼수 맡았어. 바뻐.

승주   일요일까지 바치는 일은 하지 말라니까.

진숙   어떻게 그래애. 그 댁 사모님이 얼마나 잘해주시는데…

승주   어이 싫어 진짜. 언제까지 그럴 거야. 이젠 쾨 좀 펴가면서 일 하라구.

진숙   쾨 많이 펴. 별 걱정을 다하네.

승주   아무 생각 말구 잠이나 푹푹 자요.

진숙   알았어… 그렇게.

승주   (나가고)

진숙   … (도로 식탁의자에 앉으면서) … (마음이 무겁디무겁다) ……

(F.O)

S# 27 고수부지 새벽 풍경

승주   (조깅복으로 서서 강물 바라보고 있다) …… (한참 동안 그러고 있는데)

연주   (E) 박승주우우!

승주   (돌아보면)

저만큼에서 승주 쪽으로 반은 뛰고 반은 걸으면서 오고 있는 연주.

승주   ? … (부지런히 언니 쪽으로) …… (자매 가까워지면서) 웬일야? 무슨 일 있어?

연주   무슨 일? 너 물루 뛰어드는 거 아닌가 니 형부가 가보래서 왔다.

승주	(쓰게 웃으며) 오버는 암튼… 아직 너무 차서 들어가기 싫어.
연주	엄마두 걱정이시구. 무슨 기분에 뛰러 나와 그냥 있지.
승주	괜찮다는 거 보여주러 나온 건데?
연주	우리 집 너 빼구 다 바보야?
승주	(싱긋) 내가 바보지이.

S# 28 카페

승주	뭐한 거지 모르겠어. 짝사랑 너무 등신 아냐? 그것두 십 년에 반이나.
연주	연애한 거 아냐?
승주	글쎄… 지금은 뭐가 뭔지 모르겠는 기분야. 연애였던 거 같기두 하구 그냥 친구였던 거 같기두 하구…
연주	… 니네 안 잤니?
승주	(잠깐 보고) … 아니.
연주	? … 뭐? (의외다)
승주	없었어.
연주	키스는?
승주	건… 그건 했지이. (쓰게 웃으며)
연주	그런데 안 잤어?
승주	아니…
연주	너 속초루 면회가 자구 오구 그랬잖어.
승주	그러긴 했지.
연주	그런데… 걔 혹시 그거 아니니?

승주	? … 건 아냐.
연주	어떻게 알어.
승주	건 알지 왜 몰라.
연주	니가 막었어?
승주	아니… 개가 막았어. 흐흐. 내가 막 덤벼들면 개가 막 도망치구 화내구 그랬어.
연주	… (보는)
승주	망가뜨리기 싫다구… 책임질 일 안 만들려구 그랬던 걸 난/놀라구 감탄하구 존경까지 했지 뭐.
연주	… (보다가 찻잔 들며) 아무리 생각해두 이해가 안 돼. 진짜 결혼 얘기 한 번두 없었어? 깨끗하게 있다가 결혼하구 자자 뭐 그런 얘기두 없었냐구.
승주	내가 그런 적은 있었어. 망가뜨려두 괜찮다. 책임지라 소리 안 한다.
연주	그랬더니?
승주	웃드라구. 육십년대냐구.
연주	그게 다아?
승주	응.
연주	너는 왜 안 했어 결혼 얘기.
승주	당연히 하는 거였는데 머.
연주	너 혼자.
승주	응.
연주	니가 그래서 우리두 당연한 거였어… (마시고 내리면서)진짜

끝낼 거야?

승주　엉… 뭐 더 기대할 거 있어? … 첫사랑은 깨지는 거라며.

연주　선 보구 소개팅 하구 그럴 거야?

승주　… (안 보고 있다가 보며) 하지 머. 그래야 하는 거 아냐?

연주　얘 연락 없어?

승주　아니… 연락해두 안 받는다 그랬어.

연주　웃기는 자식이다 진짜. 니네 갔다 그럼 개네 집으루 쳐들어갈 작정이었는데 쳐들어갈 구실두 없구나.

승주　언니 육십년대야?

연주　진짜 그 자식 불구 아닌 거 맞니?

승주　아니라니까.

연주　한참 나이 남자가… (하는데)

　　　(E) 연주 주머니에서 핸드폰 울린다.

연주　네에… 어 엄마 지금 커피 마셔요… 그럼요, 만났지… 걱정은… 어 알었어요. 나야 좋지 뭐… 응… 응. 끊어요. (끊으며) 음식 남었다구 집에서 아침 먹으랜다.

승주　해마다 그러잖어.

연주　너 건강한 젊은 애가

승주　(O.L) 그만 얘기하구 싶다 언니… (좀 처량해져서 고개 옆으로 기웃이 하고 보며) 그만하자 응?

연주　… (보며)

승주　(갑자기 눈물 툭툭툭 떨어뜨리면서 얼굴과 시선 옆으로 조금 돌리면서) … 그만하자. (찡그리며 목과 가슴이 아파서) …

연주   … (보며)

S# 29 정일의 거실

나사장   (골프채 손질하고 있다 / 파이프 담배 태우면서) …

정아   (이층에서 콩콩콩콩 뛰어 내려오며) 작은오빠랑 무슨 일 있었어요 아빠?

나사장   일어났디?

정아   짐 싸는데요?

나사장   ? (골프채 손질하던 손 멈추며 꽤 놀란다) 뭐를 싸?

정아   짐이요 아빠.

나사장   (닦던 골프채 캐디백에 넣으며) 날아간다. 니 엄마 아들 하나 날아간다. 무슨 짐이냐구 물어봤어?

정아   알 거 없다는데? 무슨 일이에요 아빠.

나사장   넌 한집 식구 아니냐? 결혼 안 시켜주면 아들 안 한단다.

정아   그렇게까지요? 언제요?

나사장   (침실로 움직이다가) 아 너 이 집 식구 아냐? 어젯밤 난리칠 때 너 뭐 했어?

정아   ? 그런 일 있었… 어? 나 샤워하는 동안? (이미 들어가던 나사장 다시 문 열고)

나사장   야, 너 정균이 빨리 오라구 전화해. 일 났다구 빨리.

정아   네에.

S# 30 부부 침실

나사장 (욕실 쪽으로 가서 노크하며) 여보. 복희야.

복희 (E) ⋯

나사장 복희씨, 여보.

복희 (E) 아 왜애⋯

S# 31 욕실

복희 (욕조 거품에 들어가 앉아서) 남 명상 시간인 줄 뻔히 알면서 왜 불러요.

나사장 (E) 지금 명상할 때가 아냐. 정일이 짐 싼대.

복희 ? ⋯ 뭐 뭐라구?

나사장 (E) 정일이가 짐 싸구 있다구. (복희 / 벌써 불끈 일어나고 있는데)

S# 32 침실 욕실문

나사장 얼른 튀어나와 해결해애.

복희 (E) (악쓴다) 당신은 뭐 하는 사람야!! 산 사람야 죽은 사람야!!

나사장 (중얼중얼) 귀신 데리구 사니 그럼? (하는데)

복희 (벌컥 튀어나와 남편 떠다박지르듯 하며 튀어나간다)

S# 33 거실

복희 (튀어나와 다짜고짜 이층으로 튀어 올라가는데)

정아 (전화 중이다) 아 몰라⋯ 지금 어딘데!

복희	(E) 누구야. (휙 돌아보며)
정아	큰오빠.
복희	그런데 왜 말이 많아. 빨리 오라 그래! (하고 다시 이층으로 내닫는다)
정아	들었지? 분위기 장난 아니라니까아. 골프구 뭐구 글쎄 (하는데)
나사장	(O.L) 골프가 문제야? 죽구 싶냐구 빨리 차 돌려 오라 그래. 나두 못 가게 생겼는데 짜식.

S# 34 정일의 방

복희	(확 들어와서 두 주먹 부르쥐고 보는 / 방문 닫지 마세요)
정일	(거의 이삿짐 수준으로 싸고 있다. 그저 조용히) …
복희	너 너너너너 이게 뭐 하는 짓다구니야 어엉?
정일	…
복희	너 돈 있어? 너 이 짐 들구 나가 당장 들어갈 데나 있어? 엉?
정일	…
복희	그 집에서 시키데? 짐 들구 즈이네루 들어오라구 꼬드기데?
정일	(손 멈추지 않은 채 차분하게) 제발 그런 식으루 좀 말하지 마세요.
복희	그런 식으루 니가 그렇게 만들구 있잖어 이눔아.
정일	…
복희	(노려보다가 부르르 달려들어 두 주먹으로 아들 등짝 펑펑 때리면서) 니가 이럴 수 있어 이눔아? 니가 어떻게 이럴 수가 있어. 제엘 공들여 키우구 제엘 기대하는 자식이 어떻게 이렇게

에미한테 배신을 때려두 분수가 있지 이눔아. 니가 나한테 어떻게 이런 짓을 할 수가 있어. 엉엉 엉엉엉.

나사장   (뛰어들어 아내 뜯어내면서 / 역시 방문 닫지 마세요) 말루 해 여보, 말루 해 말루.

복희   나 좋자구 에미가 말려? 이게 다아 니 행복 위해서 / 니 장래 위해서 너 좋으라는 짓인데 / 두말 없이 보따리 싸? 보따리 싸 나간다구? 기집만 있으면 에미는 죽어나자빠지든 미쳐나가든 상관없냐 이눔아? 너 상관없는 눔야?

정일   …

복희   저 자식 봐 여보. 아예 깔아뭉개 여보. 똥개야 짖어라야 여보.

나사장   뭐라구 말을 좀 해 이눔아!! 보따리만 싸면 장땡야 이 자식아?!

정일   (손 멈추고 아무도 안 보는 채) 제대 반 년 전부터 승주하구 결혼하겠다구 열 번두 더 말씀드렸어요.

나사장   글쎄 걔는 여러 가지 면으루 봐서 우리 집안에는…

정일   저는 우리 집 싫습니다 아버지. 걔네는 우리 집하구 달라요. 제 걱정은 오히려 걔네 집안이 우리 집 싫달까봐 쭈욱 걱정했었어요.

복희   어디서 개뼉다귀 뜯어먹는 소리야 얘가. 기껏 삯바느질 과부 딸 끌구 들어온다면서 뭐가 어쩨 너? 우리 집이 왜 / 뭐가 / 어디가 어때서 이 망할 자식아.

정일   돈이 다가 아니에요 엄마. (좀 답답해져서)

복희   누가 돈이 다래 내가? 돈밖에 모르는 속물을 내가 얼마나 싫어하는데 너 아주 돌았구나. 아주 돌아버렸어 엉? 나 돈 좋아하는 속물 증말 싫다아? 증말 싫어. 그래서 온통 다 돈에 돈 이 세상 이 진짜 싫어서 죽겠는 사람야 나. 그러므로 해서 개랑 결혼두 못하게 하는 거야 알어? 없으면 없는 대루 지 수준에 맞는 상댈 잡아야지, 언감생심 누구 아들한테 침 발러놓냐 말야 내 말은.

정일   … (대꾸 없이 욕실로 움직인다)

복희   너 어디 가.

나사장   아 소변 누러 들어가네. 욕실 들어가는 거 안 보여?

복희   … (식닥거리는데)

(E) 샤워 물줄기 소리 한꺼번에.

복희   ? (남편 흘기며) 저게 소변 소리야?

나사장   씻을래나부지.

복희   (부르르 달려들어 정일이 싸논 가방 열어 끄집어내기 시작한 다 / 마구)

나사장   그런다구 나갈 눔이 안 갈 거 같어?

복희   (힐끗 본다)

나사장   당신이 지는 게 줄 거 같구면. 한다면 할 눔인 거 몰라? (샤워 소리는 계속)

복희   (다시 마구 옷들 끄집어내는데)

나사장   아 저눔 중학교 때 개장국 집에 개 팔어넘겼다구 집 나가 부산 중국집에 가 배달하구 있는 눔 찾는 데까지 꼬박 넉 달을 고생 한 거 까먹었어?

복희   (남편 돌아보는)

나사장   그것두 순순히 따러오기나 했어? 개개 빌어두 안 돼서 묶어오다시피 해서 데려다놨잖어. 얼마나 속 썩였어 그때.

복희 (숨 푸우 내몰면서 방바닥에 털퍽 주저앉는다)

혜수 (열려 있는 방문에 나타나며) 어머니 저 왔는데요.

복희 니 서방은?

혜수 사업상 피치 못할 약속이라구 골프

복희 (O.L) 골프에 곯아 골프장에서 죽을 눔.

나사장 거 말을 해두 쯔쯔. 골프 약속이라는 게 그런 거야. 알지두 못하면서…

복희 지 에미가 죽어두?

나사장 죽었어? 안 죽었잖아.

S# 35 승주의 거실

진숙 (마루 걸레질하고 있다.)

형주 (제 방에서 나오며) 얘 아직 안 들어왔어요? (책 들고)

진숙 글쎄, 아직 안 들어오네. 커피 마시구 있다 그러든데…

형주 맹꽁이같이 어어이… (하며 벽에 붙여 놓은 긴 소파에 책 아무렇게나 놓고 테라스 쪽으로 가 서는)

진숙 … (아들 보며)

형주 (문득 돌아보며) 너무 마음 쓰실 건 없어요. 견뎌낼 거예요.

진숙 (시선 내려 걸레 뒤집으며) 견뎌야 내겠지만 그 속이 오죽하겠어… 우리 막내 마음 아파 큰일 났어…

형주 (돌아서 소파로 움직이며) 시간이 해결봐줘요. (앉으며 책 든다) 곧 괜찮아질 거예요.

진숙	(한숨 조금 섞듯이) 괜찮아질 때까지 힘들어 그렇지.
형주	힘 안 들구 사는 사람 있나요 어디… 사는 게 그렇죠 뭐.
진숙	그러게… (하며 닦는)
	(E) 초인종 소리.
진숙	(일어나며) 누구세요.
재우	(E) 재우 왔어요 할머니.
진숙	어 문 열렸어 어이 들어와.
재우	(뛰어 들어오며) 할머니 안녕히 주무셨어요? 외삼촌 안녕히 주무셨어요? (어른들 적당히 인사 받고)
진숙	아빠는?
재우	차 좀 대충 닦구 들어오신대요. 차가 아주 거지꼴이거든요.
형주	거기서 요길 차 갖구 왔단 말야?
재우	아침 먹구 이모랑 다 같이 백화점 간대요. 엄마가 이모 옷 사준다 그러든데요?
진숙	어 그래애?
재우	아빠는 빽 사주신대요.
형주	어어 니 아빠가 웬일이야. 건 사건이다.
재우	정일이 아저씨랑 사랑이 깨져서 이모 가엾다구 그러나봐요. (형주 옆에 붙임성 있게 풀썩 붙어 앉으며) 어젯밤에 엄마아빠 소주 마시면서 그러시드라구요.
형주	집에 가 소주 마셨니?
재우	네… 엄마는 울구 아빠는 찔찔 짜지 말라구 엄마 달래느라구 쪽쪽 뽀뽀해주구 막 그랬어요.

형주	(재우 머리 가볍게 쥐어박고)
진숙	아이구 참 녀석두… (기막혀서 / 욕실 쪽으로 / 걸레 들고)
수경	(E) 어머니이… (주방에서)
진숙	어 왜.
수경	(내다보면서) 갈치조림 너무 쪼는 거 같은데…
진숙	어 불 꺼. 껐다 다시 데우자구.
수경	네. 재우 왔니?
재우	(벌떡 일어나 꾸벅하며) 외숙모 안녕히 주무셨어요?
수경	흐흐 그래. 재우 좋아하는 오리고기 좀 굴까요 어머니?
진숙	(그동안 욕실에 걸레 던져넣고 움직이다가) 그럴까?
재우	아니 오리 하지 마세요.
수경	왜애?
재우	어제 먹던 거 그냥 먹음 돼요. 먹을 거 있는데 쓸데없는 낭비예요.
형주	(머리 흐트러뜨리며) 어어 그래, 니 아버지 아들이 확실하다 하하하.
재우	이 세상에서 제일 나쁜 거 첫째는 부모한테 불효하는 거구, 두 번째는 낭비다. 그게 공자님 제자 우리 아빠 철학이래요.
형주	철학이 뭔지 알아?
재우	대학 가면 배운대요. 인생관 뭐 그런 거 아니에요?
형주	호오 인생관?
수경	깔깔… 인생과안?
재우	철학은 모르지만 인생관은 아는데.

형주	그래 말해봐, 어디 한번.
재우	나는 내 일생을 이런 생각을 가진 인간으로서 살아가겠다.
수경	깔깔… 아주 정답이네요 여보. (아웃)
형주	그래, 부부교사 아들 자격 있다. 그렇죠 어머니.
진숙	(흐뭇해서) 있구말구 흐흐… (하며 부엌으로 돌아서는데)
	(E) 전화벨 운다.
형주	(받는다) 네에… 네 그렇습니다. (진숙 / 혹시나 정일인가 싶어 돌아보는) 계신데요. 잠깐만 기다리세요. (하고) 어머니.
진숙	(움직이며) 누구야?
형주	한회장님댁이라는데요?
진숙	어어… 여보세요… 네, 사모님 저예요… 네… 네에. 네, 저기 그런데 아직 우리 애들하구 의논을 못했네요. 글쎄, 그렇기는 한데 그래두 애들한테 얘기는 하구… 네, 그러겠습니다 사모님. … 네… 네. 알겠어요. 정말 고맙습니다… 네네, 그럼 안녕히 계세요. (전화 끊으며) …
형주	… 무슨 일이에요?
진숙	응 저기…
형주	… 뭔데요?
진숙	딴 게 아니구 한회장님 사모님이… 이제 눈두 점점 더 침침해질 일밖에 없구… 언제까지 바느질할 거냐구. (아들 보며) 회장님네 새루 오픈하는 백화점에 포장센터 코너 하나 만들어줄 테니까 해보라구우…
수경	(부엌에서 튀어나오며) 그냥 주신대요?

진숙	아니이, 임대료 쪼끔은 내야지이 그냥이야 어떻게…
수경	그런데 어머니 안 한다 그러셨어요?
진숙	아니이… 회장님게 말씀드려서 확답받았다구 지금 그 전화야.
수경	어머니, 그거 제가 하께요. (달라붙듯)
형주	어지러워 죽는 사람이 뭘 해.
수경	여보, 그거 자리 얻기가 얼마나 힘든데요.
형주	어머니 생각은 어떠신데요?
진숙	글쎄… 사모님 순수하게 도와주구 싶어 그러시는 거지만 형주가 예사 사람이 아니라서… 괜히 욕심나 덥석 받았다가 혹시 나중에 법관 생활에 지장이라두 주게 되면 큰일 날 일이구우…
수경	? … (그럴 수두? 하는 얼굴로 남편 보고)
형주	… (안 보며 생각하는)
진숙	사양하는 게 좋겠지?
형주	(끄덕이며) 네… 하지 마세요.
진숙	그래, 나두 그렇게 생각했어.
형주	신셀 입으면 언젠가는 갚아야 하잖아요. 그 댁에는 그럴 일 없을 거 같아두 또 누가 알아요 살다보면
진숙	(O.L의 기분 선선히) 알았어. 내가 정중하게 사양할게.
	승강기 소리 땡 나고.
상훈	(E) 뭐 하러 만 원씩이나 풀 쑤구 세찰 해. 대충 닦아 갖구 다니다 날 풀리면 물 세차 해주면 되지.
진숙	(상훈 소리 들리자 이내 일어서며) 오나부네들.
수경	(일어나 주방으로 들어가며) 준비하께요 어머니.

연주	(앞서 들어오며 / 남편 말에 연결) 언제 날 풀리는데.
상훈	(승주가 연주 뒤따라 들어오고 상훈이 그 뒤로 들어오며) 아 한 달 기다리면 되겠지.
연주	엄마 밥 배고파.
진숙	(E) (주방에서) 금방 돼. 손들이나 씻어.
연주	당신 손 씻어. (승주는 그냥 제 방으로)
상훈	세수하구 왔는데?
연주	아, 걸레 만졌잖아.
상훈	아아, 알었어. (욕실로)
연주	(겉옷 벗어 걸면서) 너두 씻어.
재우	엄마 난 걸레 안 만졌어요.
연주	걸렌 안 만졌어두 코 팠잖아.
재우	어 안 팠는데?
연주	안 팠대. 엄마 들어오면서 봤는데두 안 팠어? 코파기 대장.
재우	어어이. (마지못해 일어나며) 안 팠는데에.
연주	봤다니까아? (발구르듯)
재우	알았어요. 씻어요. (욕실로)
연주	너 그렇게 코 파다가 이제 코에 동전 들어가는 뺑코 아저씨 될 거야… 우우우 춥다. (웅크리며 주방으로 가는데)
형주	뭐래요?
연주	(멈추고 돌아본다) …
형주	얘기 좀 했을 거 아냐.
연주	(소리 죽여서) 아직 처녀랜다. 시비 걸 건덕지두 없어.

형주	불행 중 다행이네.
연주	불행 중 다행인지 다행 중 불행인지 모르겠다. 달기똥 같은 눈물이 툭툭툭툭툭이야.
형주	울어?
연주	울지 안 우니 그럼? (하며 승주 방으로 고개 돌아가는데)

S# 36 복희의 거실

정일 / 정아 / 나사장 / 혜수 / 복희 한자리에.

복희	(아무도 안 보는 채 눈 부릅뜨다시피 하고 두 주먹 무릎 위에 올리고) …
나사장	항복하구 말어어… 자식 이기는 부모 봤어?
복희	왜 못 봐.
나사장	그럼 이기구 자식 하나 쳐내구 말던지이.
복희	……
정아	뭘 속 썩여 엄마아. 그냥 시켜줘어. 오빠 와이프지 엄마 와이프 아니잖어요오.
복희	(벌컥) 수준이 맞어야지 수준이이. 안 그러니 새아가?
혜수	수준두 여러 가지가 있는데요오…
복희	? 그런데?
혜수	데련님이 좋아하는 사람이면 우선 제일 중요한 수준이 데련님하구 맞는 거예요,
복희	그게 뭔데.
혜수	말리지 마세요… 하루를 살다 죽어두 좋은 사람하구 살다 죽겠

다는데… 그걸 말릴 명분은 없는 거예요.

복희 시에미 가르쳐라. 하루 살다 죽을 거면 내가 왜 말려 몇십 년 살 거니까 말리지.

혜수 처가 덕 뵐려구 작정하구 계신 거 아니면

복희 (O.L) 너 말하는 거 얄궂다아? 너 결혼할 때 내가 은제 니 집 덕 보자구 하대? 내가 언제 너더러 차 사와라 아파트 사와라 그랬니?

혜수 … (위에)

복희 (E) 나 입두 뻥끗 안 했는데 니 집에서 해보낸 거지 내가 언제 그런 눈치나 뵀니?

복희 나 그것두 아주 부담스러웠던 사람야. 내가 제일 경멸하는 게 아들 장가보내면서 대목 볼려구 하는 사람들인데, 너 어떻게 말을 그렇게 묘오하게 하니?

혜수 그러니까 그냥 허락하세요. (안 보는 채)

복희 니가 어른이니? 니가 허락하라면 허락해야 하는 거야?

나사장 아 왜 미친년 설사 갈기듯 이래. 당신이 새애기 의견 물었어. 물어서 지금 지 의견 얘기할 뿐야. 정신 차려!! (처음 큰 소리 치는)

복희 아 왜 고함은 쳐. 나 귀 안 먹었어… (하고 한참 혼자 갈등하다 가) 알았다 그래. 도대체 어떤 화상을 하구 있는 물건인지 일단 한번 만나는 보자.

정일 … (처음으로 시선 들어 엄마 보는)

복희 전화해. 지금 오라구 해. 한 시간 안에 오라구 해.

나사장   (시계 보면서 O.L) 저기 나는 지금 출발해야 하는 시간인데에에.

복희   (고개 홱 틀어 짝 째리는)

나사장   아 약속이…

복희   (눈에 힘 더 들어가고)

나사장   못 가는 거야?

복희   얼른 전화하라니까 뭐 해?

정일   … 그렇게 오라구 할 수는 없어요.

복희   ? …

정일   그럴 수는 없어요.

복희   … (노려보는)

정일   상처만 줄 거 같으면 / … 제가 그냥 나가겠어요.

복희   … (노려보다가 부르르 탁자 위로 기어올라 아들 후려갈기기
       시작한다) 이눔으 자식. 협박이냐 이눔아? 늙은 에미 협박해
       이 자식아? (뜯어말려 헛손질하면서도) 나쁜 놈 이놈.

나사장   진정해 진정해 여보. 여보 여보.

복희   (O.L 울음 터뜨리며) 아이구 나는 헛살았다아아아아… 응응…
       믿는 도끼에 발등을 찍혀두 유분수지이이이이… (거의 꺼이꺼
       이) 빈 라덴보다 더 나쁜 놈 저누음 응응응응… (아예 탁자 위
       에 올라앉은 형국이다)

제 2 부

S# 1 은행 앞 거리

S# 2 우수고객실

승주   (전화 받고 있다) 네, 사모님. (컴퓨터 두드리면서 / 송금계좌 부르는 대로 찍는) 네… 네에? 지영숙 씨 맞습니까? … 네, 사모님. 월요일 출근해서 지영숙씨 앞으로 백오십만 원 송금해드리겠습니다. 네, 염려 마십시오 틀림없이 처리하겠습니다. … 네. 네, 그럼… 네 안녕히 계십시오. (전화 끊는데)

행원1   월요일 송금할 걸 월요일에 전화하면 되잖아.

승주   내일 여행 가신대. (책상 위 치우면서)

행원   으응. (그래서였어?)

행원 대답하는데 동시에 울리는 승주 전화벨.

승주   (한 손은 움직이면서 받는다) 네에, **은행 박승주… 어… 퇴근
할 참야…

S# 3 연주 학교 교무실

연주   (테이블 위 치우면서) 곧장 들어오니? 다른 스케줄 없어? …
아니 이 다른 스케줄 없이 곧장 집으루 퇴근이냐구… 영화래
두 보지 왜. 요새 볼 거 많다는데… 영화 같이 볼 친구두 하나
없어? … 그래애 너 무능한 거 누가 몰라. 답답해 하는 소리야.
(소리 죽여) 그 자식 아무 소리 없어? … 생각할수록 괘씸하다
야. 뭐 그런 게 다 있어.

S# 4 은행 안

승주   (좀 짜증스레) 뭘 기대하는데… 기대하는 거 없음 그럴 거두
없잖아. … (듣다가) 아 놔둬. 왜 자꾸 말시켜. 말시키지 말구
냅둬 좀… (그동안 행원들은 탈의실로 다 빠지고 혼자다) 싫
어, 그냥 들어가 잘 거야… 잠잔다구… 아 싫다니까?

S# 5 연주 학교 교무실

연주   그럼 철판구이 사줄까? 나 그거 아주 맛있게 하는 집 아는데…
(듣다가) 야 엄마 신경 써. 멀쩡한 거처럼 굴어두 엄마 니 눈치
보느라 바쁜데 나랑 저녁 먹구 적당한 시간에 들어가자. 지금

시간에 들어가 퍼져 자면 엄마 속상해. 효도는 못할망정. 응?
… 진짜 이 자식 전화 한 통두 없니? 진짜루?

S# 6 은행

승주   진짜라니까 내가 거짓말할 일이 어딨어. 연락하지 말라구 핸드
폰두 바꾼다 그랬는데 나 혼자 잘난 뺑한 거지 뭐. 얼굴 뜨거워
죽겠어. … 아냐 싫어. … 싫어어. 그냥 들어간다니까아? 언니,
나 생리야. 귀찮아 고만 좀 해… 응. 응… 철판구이 저축해두께.
… 엉, 미안해 언니. 그리구 고마워… 응 끊어. (끊으며) ……

S# 7 은행 앞

승주   (퇴근 / 은행에서 나와 걷기 시작한다) …… (땅 보면서) …
그런 승주 앞을 막아서는 남자.

승주   (땅 보면서 무심히 피하려고 하는데)

정일   (승주 팔 잡는다)

승주   ? (놀라서 보면) ……

정일   … (희미한 미소)

승주   … (그저 보며)

정일   전화 안 받는대서.

승주   … (보며 입이 조금 벌어지듯 하면서 / 크게는 아니고 다물었
던 입술이 떨어지는 정도)

정일   (가만히 승주를 안는데 포그은하게 시작해서 꽈악 안는)

승주   (안겨서 눈물이 핑그르르 돌아 나오다가 눈감는다)

S# 8 근처 카페

카페 전체 풍경에서 구석자리에 마주 앉아 있는 두 사람으로.
찻잔은 와 있고.

정일 (지그시 보면서) 그동안 너한테 결혼 얘기를 안 했던 건… 너
      실망시킬 게 겁나서였어.

승주 … (보며)

정일 (시선 피하듯 하며 찻잔 집어들며) 그게 겁나서 (찻잔 내려다
      보며) 차라리 결혼 같은 거 안 할 수 있으면 안 했으면… 그렇
      기두 했구.

승주 … (보며)

정일 (한 모금 마시고 내려놓는다) … (내려놓고 가만히) … (탁자
      내려다보며)

승주 어디 애 낳아놨어?

정일 그런 얘기 아냐.

승주 그럼 뭐야. 무슨 얘긴지 나 몰라. 내가 뭘 실망하는데.

정일 (보며) 우리 집 느네 집하구는 분위기가 사뭇 달라.

승주 … (보다가) 어떻게 다른데.

정일 … (보며)

승주 어떻게 다른데… 그 집은 밥을 수저루 안 먹구 삽으루 먹어?
      유령하구 같이 살어? 뭐 아담스 패밀리야?

정일 그렇게 격이 있는 집 아니야.

승주 허 / (기막혀서) 우리 집은 무슨 격이 그렇게 있는데.

정일 느네는 그런 게 있어.

승주	무슨 말인지
정일	(O.L의 기분) 너 말구 딴 여자 생각해본 일 없어. 너하구 살면서 늙구 싶어.
승주	분명하게 얘기해줘. 이거 청혼이야 아니면 땡 치자는 건데 안 됐으니까 아름다운 전주 한 소절 붙이는 거야.
정일	니가 많이 참아야 할 거야. 그래 줄 수… 있지?
승주	뭘 참아야 하는 건데.
정일	… (보며)
승주	응? … 답답해. 뭘 참아야 하는 건데. 제발 주머니 속에서 돈 세는 인간처럼 그러지 좀 말구 확확 말해버려. 내가 뭘 참아야 하는 건지 알아야 나두 준비하구 각오하구 그럴 거 아냐.
정일	엄마가 널 반대하셨어.
승주	… (보다가) 왜냐구 꼭 물어야 해? 왜.
정일	어머니… 혼자시라구.
승주	… (보면서)
정일	사실은 제대하기 훨씬 전에 말씀드렸는데, 우리 엄마 욕심이 많은 양반이거든.
승주	알았어. (탁자로 시선 내리면서) 한쪽 부모 없는 며느릿감 시비 걸자면 시빗거리 된다는 거쯤은 나두 알어.
정일	미안하다.
승주	내가 미안한 거지 뭐. (보며) 그렇지만 어떡하니. 울 아버진 벌써 백골이 진토 됐을 텐데… (조금 차오르는)
정일	미안해.

승주	상관없어. 홀어머니 시비 걸었던 게 틀렸다는 거 깨닫게 해드림 돼. 나 그거 할 수 있어.
정일	그래 너 할 수 있을 거야.
승주	그래서.
정일	… 결혼하자. 하라셔.
승주	일주일 동안… 싸운 거야?
정일	(쓴웃음) 설득한 거지.
승주	(끄덕이며) 나 미우시겠다. 아들이 말 안 들어서.
정일	그래, 그러니까 니가 참아줘.
승주	(끄덕이며) 우리 언니 그러는데 나 미련 곰탱이래. 너랑 같이만 살 수 있다면 미련 곰탱이루 참으께. 어떤 일두 참으께. (웃음이 피어나며)
정일	… (보며 쓴웃음)
승주	너 나한테 청혼한 거야아?
정일	그래. 하자 결혼.
승주	(보며 웃음기 없이 오히려 눈물이 날 듯한) 그 소리 너무나 기다렸어.

S# 9 근처 주차장

두 사람 서로 꼭 안듯이 하고 주차장으로 들어온다. 둘 다 아무 말 없이 땅만 보면서 / 그러나 승주는 결혼할 수 있다는 단순한 흥분 / 정일은 복잡하기는 하지만 그래도 역시 다소 상기된 기분 / 한 번쯤 동시에 서로를 보고 조금 마주 웃고 같은 걸음

템포로 정일의 지프 세워진 곳까지 와서.

정일   (문득 승주 마주 세워 잡고 눈 들여다보면서) 어머니한테는 우리 엄마 반대하셨다는 거 / 말씀드리지 말자.

승주   (끄덕인다 / 당연하지이)

정일   언짢은 일은 우리끼리만 아는 거야.

승주   알아.

정일   부탁해.

승주   응. 알아서 할게.

정일   … (잠시 보다가 볼 가볍게 꼬집어주고 자동차 키 열고 승주 탈 자리 문 열어 타는 것 도와주고 운전대로)

S# 10 차 안

정일   (운전대로 오르면서) 뭐 하구 지냈니.

승주   출근하구 퇴근하구 밥 먹구 자구.

정일   (키 꽂으면서) 그거 말구.

승주   끄르륵… 울 언니가 너 불능이라 결혼 못하는 거 아니냐더라.

정일   (시동 걸며 돌아본다) 뭐어?

승주   아직 안 잤다니까 글루 몰아붙이더라구.

정일   그럼 잘 걸 그랬구나.

승주   아냐. 잤으면 울 언니 몽둥이 들구 니네 집 쳐들어가 휘둘렀을 거야.

정일   (조금 소리 내어 웃는다)

승주   (돌아보며) 근데 왜 전화두 못하니?

정일   안 받는댔잖어.

승주   그렇다구 안 해?

정일   전화했다 마음만 상할 거 같아서. 해결 봐서 만나자 했지.

승주   오오, 니 마음만 안 상하면 다구나 그러니까. 나야 죽든 살든.

정일   사실은 (승주 돌아보며 좀 웃으며) 나두 너한테 디게 삐졌었어.

승주   ? 왜애?

정일   그날 너 / 날 아주 형편없는 눔으루 만들었었잖아. 그렇게 오래
        봤는데 어떻게 근본적인 신뢰조차 없는 건가 맥 빠지더라.

승주   니가 그렇게 만든 거야. 무슨 생각을 하구 있는 건지 도무지 알
        수가 없는데 어떡해. 제발 이제부터는 호주머니 속에서 혼자
        우물우물 돈 세지 말구 꺼내서 나 보는 데서 세라 웅? 집에다
        결혼 얘기 꺼내놓구 있는 줄 알았으면 내가 괜히 히스테리 부
        리니?

정일   허락 안 떨어지구 있다는 거 미리 알아 좋을 거 뭐 있어. 나 혼
        자 해결 볼 일이지.

승주   … (보다가 가볍게 정일 입에다 제 입술 도장 찍듯이 하고) 그
        래 좋아. 속 깊은 남자라 그거지?

정일   벨트 해.

승주   (벨트 빼면서) 니네 어머니 / 어머니 자신을 위해 대충 하시구
        넘어가시면 좋겠다. (벨트 끼며 돌아보며) 안 그럼 나중에 힘
        없어지셨을 때 내가 너 모르게 막 구박할 거야.

정일   (쓰게 잠깐 웃고 출발한다)

승주   (냉큼 정일의 한 팔 끼고 머리 어깨에 올리면서) 보구 싶어 죽

는 줄 알았어.

정일	야하게 굴지 말구 떨어져. 남 보기 흉해.

승주	(입 비쭉하고 떨어지면서) 도덕선생님.

S# 11 진숙의 한복집 안

요란스럽지 않고 아주 조촐한 한복집. 패션 따라가는 한복이
아니라 정통 한복집입니다.

연주	(명주 솜저고리 손누비 중인 것 손으로 보드랍게 쓸면서) 진짜
근사하다아… 기계 누비하구 영 느낌이 다르네에?

진숙	그러엄 다르지.

바느질 아줌마	다르기만? 우리 솜씨루는 만지지두 못해. 선생님이나 다루시
는 거지.

연주	근데 엄마 이거 골 빠지구 눈 아퍼. 이런 거 주문 받지 말아요.

진숙	글쎄, 안 그래두 힘 들어서 그만했으면 하는데 자꾸 들어오니
누구는 해주구 누구는 안 해주구 그럴 수가 있어야지이.

아줌마	괜히 방배동 사모님 한 분 자진해서 해드렸다 소문나서 겨우내
한 열 벌은 만드셨죠?

진숙	넘을걸?

연주	어이구 참… 엄마 왜 자진해서 신세를 볶우. 뭐 하러 시작을 해
그런 걸.

진숙	아니 내가 좋아하는 사모님이라 / 인품이 너무 좋으시거든 그
사모님이… 고맙게두 해주시구 / 뭐 갚아드릴 게 있어야지 그
래서 (하는데)

승주	(E) (문소리와 함께) 엄마.
	세 여자 동시에 보면서.
진숙	(벌써 일어나며) 아이구 우리 막내 왔네에? 집으루 들어간다 그랬다면서.
승주	(올라서면서) 아주머니 안녕하세요? (여자 인사 받고) 언니 여기 와 있어?
연주	그래. 너한테 거절당하구 엄마랑 저녁 먹을려구. (그랬다 왜)
승주	(펄썩 앉으며) 왜 그래애 주부가? 형분 어떡하구 재우는 어떡하구 땡땡이야?
진숙	(승주 아래로 방석 밀어 넣어주려 하면서) 이서방 모임 있대.
승주	오오, 재우는 올케언니한테 떠다밀구?
진숙	잘됐네… 언니가 맛있는 거 산다는데 막내 먹을 복 있어 좋다. 그렇지? (연주에게)
승주	뭐 사줄 건데에? (연주에게)
연주	(좀 전부터 승주 주시하고 있다가) 너 너무 오바다.
승주	응?
연주	그렇게까지 오바할 필요 없어. 배우 연기두 오바하면 보는 사람 거북하잖어. 그냥 편안하게 적당히 해.
승주	그래?
연주	그래.
승주	나 결혼해.
진숙·연주	?
아줌마	아이구 결혼해?

승주 　흐홋… 네 아줌마.

연주 　(O.L의 기분) 정일이 연락 왔디?

승주 　어, 주차시키는 중야.

진숙 　(앉은 자세가 조금 더 낮아지는 / 푸욱 마음이 놓이는 / 작게) 아이구우우우… (가슴으로 한 손이)

승주 　웬 아이구우우우?

진숙 　모르겠네. 왜 이렇게 맥이 쭈욱 다 빠지는지.

승주 　(옆으로 / 무릎으로 다가들어 엄마 안으며) 으흐흐흐흐 우리 엄마.

연주 　결혼하재?

승주 　어, 허락 받았대.

진숙 　(한 손 올려 승주 머리 만져주면서 웃는 얼굴이지만 눈물이 날 듯하다) ……

승주 　엄마 좋아?

진숙 　좋기만? 신명 있는 사람 같으면 나가서 춤추겠어.

승주 　으흐흐흐흐흐.

아줌마 얼마나 걱정을 하셨는데… 아 못 나가시면 입으루라두 추세요오. (만지고 있던 저고리 들고 춤추는 시늉 하며) 덩더쿵덩더쿵.

모두 　(아줌마 돌아보며 웃는데)

정일 　(들어오며 / 큰 과일바구니 들고) 저 왔어요. 안녕하셨어요, 어머니. 안녕하세요, 아주머니. (아주머니 대답에)

진숙 　(함께 대답하며 얼른 일어나려 하는데) 어엉 어서와 어서. (하는데)

연주	(엄마 잡아 앉히면서) 애 오는데 왜 어른이 일어나우. 하지 마요.
정일	(올라서며) 네, 일어나지 마세요. 꼭 그러시드라구요. 무안하게. 누나 오랜만이네요.
연주	그래. (흘기면서) 이 똥 싸 뭉개는 자식아.
진숙	아이구! (질색하는)
연주	(상관없이 가볍게 쥐어박으며) 사내 녀석이 왜 그렇게 천근만근야 너. 그렇게 무거워서 승주 속 터져 죽는 거 아닌가 걱정 돼 야.
정일	잘못했어요 누나. 봐주세요.
연주	(싸악 흘겨주고)
정일	제가 잘할게요 누나.
연주	그래 어디 두고 보자.
정일	네 알았어요. 알았습니다. (하고 엄마 앞에 무릎 꿇고) 걱정 끼쳐 죄송합니다. 승주 / 저 주십시오… 데려가게 허락해주세요, 어머니.
연주	어이구, 속 썩일 거 다 썩이구 격식은 또 차리네에?
승주	그러게에?
진숙	(딸들과 상관없이 아주 좋은 눈으로 정일 보면서 가만히 정일에게 한 손 내민다)
정일	? (했다가 손 내밀면)
진숙	(두 손으로 잡고 눈 맞추고) 고마워.
연주·승주	(동시에) 엄마아.
연주	무슨 폐품 처리유 고맙게에? (에서)

S# 12 시내 유명 피자가게 앞

복희 (두어 걸음 먼저 나와 서 있다가 남편이 나오자마자 남편 팔 거칠게 잡아끌어 가게 앞에 잠깐 세워둔 자동차 뒷자리로 밀어 넣으며 문 열고 선 기사에게) 잠깐 비켜 있어. (하고 남편 탄 문 으로 밀고 들어간다)

S# 13 차 안

나사장 (아내에게 밀려 자리 내주며) 왜 이래? 아 왜 이래. 아 왜 이래 갑자기 또.

복희 (자동차 문은 정기사에 의해 닫히고) 누구 때맨데 누구 때맨데 에! 누구 때매 솜털두 안 벗어진 나이부터 밥장사 차리구 손 마 를 날 없이 뼛골 빠지게 돈 벌었는데에 뭐가 어쩌구 어째? 밥 장사나 삯바느질이나? 내가 지금두 밥장사 하냐? 지금두 밥장 사야? (핸드백으로 갈기는데)

나사장 (백 확 잡으며) 아 애 봐(기사). 천지 분간을 못해 이 여자가. 집인 줄 알어?

복희 어이그 어이그으으으.

나사장 그리구 지금은 뭐 밥장사 안 해? 저건(밖의 가게) 밥장사 아니 구 뭐야.

복희 그게 어디 밥이야.

나사장 피자 햄버거는 밥 아니야? 뭐가 됐든 사람 끼니 때우는 거면 그게 밥이지 딴 게 밥이야?

복희 그게 왜 내 장사야. 당신 재미 삼아 몇 개 하는 거지.

나사장 어찌 됐거나 간에 과거에 당신두 변두리서 식탁 세 개 놓구 백
반집으루 시작한 사람이잖아. 지금 좀 살 만하다구 개구리 올
챙이 쩍 생각 못하구 너무 나대지 말란 말야 내 뜻은. 당신은
처음부터 개구리였던 거처럼 그러더라. 하늘이 내려다보구 있
는데 그러지 말어… 직업에 귀천 없다가 당신 노래였던 사람이
왜 이렇게 변했어 엉?

복희 내가 언제 귀천 있대? 경제 수준이 안 맞잖어. 과거지사가 무
슨 상관야. 오늘날 이만큼 사는데 / 이만큼 살면 이만큼에 걸맞
은 며느릿감 원하는 게 당연한 거지 / 아니 개구리가 왜 올챙
이 수준 며느릴 봐야 하냐구. 피땀 흘려 여기까지 만들어놓구
그 욕심두 못 부려?

나사장 장인어른 일산 논밭으루 횡재한 게 얼마야. 더 욕심 부리지 말
어. 그러다 죄받어. 아 나 당신 죄받을까 겁나 진짜아.

복희 죄는 개코같이, 아 나 삯바느질집 과부하구 사둔하기 정말 징
그럽구 싫어어어어! 싫어어어이 잉잉잉잉잉.

나사장 (얼른 자동차의 휴지 뽑아준다)

복희 싫어이이이이잉. 패앵. (없는 코 풀고) 나두 자존심이 있지 친
구들한테 뭐라 그래이이이. 챙피해서 어떡해이이이이이.

나사장 (아내 안고 토닥이면서) 적당히 둘러대 적당히. 교육자 집안이
라거나 그럼 되지 뭘.

복희 (남편 밀어내며 다시 시작하는) 글쎄 거짓말까지 하면서 며느
릴 봐야 하냐구.

나사장 아 거짓말 도통 모르는 사람처럼 왜 이래애.

복희   (눈에 쌍심지) 뭐야?

나사장   (두 손으로 얼굴 가리면서) 아냐 아냐. 헛소리야 헛소리.

복희   평생에 도움 안 되는 사람.

나사장   (시동 걸려 있던 차 문 열고 저만큼 있는 기사 쪽으로) 야 가자. (기사 움직이고) 한참 밀리는 시간인데 이거 늦겠어. 아 좀 서두르자니까.

복희   아 무슨 대단한 인물이라구 일 볼 거 놔두구 서둘러! (빽)

나사장   야 그래두 미리 들어가 옷 갈아입구 있다가 느긋하니 점잖게 맞아주는 게 우아하구 좋잖아. 어른답구 말야.

복희   (괜히 흘끈하고 그래도 기사에게) 머리 써서 잘 가봐.

나사장   그래 허허… 정 기사 미꾸라지 아니냐. 허허허허허. (하며 괜히 아내 손등에 한 손 터억 덮는다)

복희   (흘기며 탁 털어내고)

S# 14 가게 앞을 떠나는 자동차

S# 15 자동차 안

복희   (핸드폰 들고) 어디가 아픈데 또오… 어디가 얼마나 아픈지 어디 바꿔봐 빨리… 이눔으 자식을 그냥. (전화 퍽 끊으며) 어이구 썩어. 썩어 못살아 내가.

나사장   새애기 아프대 또?

복희   아프긴 어디가 아퍼. 지 서방 때매 꼬장 부리는 거지 또.

나사장   정균이가 뭐.

복희   아 또 사흘째 새벽 세 시래. 약 먹구 싸구 누웠대.

나사장   그 자식은 그 정신 못 차리구… 쯔쯔쯔쯔. 그놈 그 밤도깨비 버
       르장머리를 어떡하면 고치나 그래.

복희   아버지가 무슨 권위가 있어야 자식 버릇을 고치지…

나사장   (뻐언히 아내 보며) ……

S# 16 집 정원 / 이미 밤

집으로 올라가는 부부. 올라가다가.

복희   (느닷없이 멈추며) 그놈으 골프는 왜 배워라 배워라 해서는 애
       를 망쳐놔 그러게.

나사장   (멈추고) 아 건강 위해 운동하란 게 애 망친 거야?

복희   골프 친구들이 다 망종들이니까 그렇지. 골프 반나절에 술타령
       이 일박이일이니 어이구 쯔쯔쯔. 그거 좋달 칠푼이 여편네가
       어딨어. 딱 누구 닮아서 그냥 어허허허허 무량태수에 사내자식
       이 결심두 없구 목표두 없구 잘하는 거라구는 술 푸는 거뿐이
       니 (올라가며) 어이구 남편복 없는 년 / 자식복 바랬을까마는
       내 속을 누가 하늘이나 알지 누가 알어. 끄으응. 누가 알어.

나사장   (따르며) 신경 쓸 거 없어. 다 젊어 한때야. 힘 빠지면 술두 못
       먹어.

복희   (다시 멈추고 돌아보며) 술을 너머 먹어서 애두 못 만든대. 알
       지두 못하구선.

나사장   ? … 그 그 정도란 말야?

복희   (흘기고 걷는)

나사장 (따르며) 아 그래서 애가 없는 거야?

복희 한 달에 한 번 하늘 보기두 힘든데.

나사장 저런 저런 나쁜 눔. 그럼 쓰나아. 남의 귀한 딸 데려다놓구 그럼 안 되지이.

S# 17 거실

복희 (들어오며) 저녁 준비는?

여자 네, 다 됐어요 사모님. (복희 침실 쪽으로 움직이는데) 저기 그런데 사모님 작은 사장 댁은 못 오실 거 같다네요. 아까 전화 왔는데…

복희 알아. 아프다네.

여자 네에.

나사장 (들어오자마자 전화통으로 가 다이얼 찍고 기다리다가) 너 이 눔아 전화 왜 이렇게 안 받아… 자냐? … 너너너너, 어디서 자구 있는 거야 지금. 집? 오늘 사무실 안 나갔단 말야? … 이 눔으 자식 할 일이 있건 없건 사무실이라구 삐쳐났으면 인마 명색이 사장이란 눔이, 아니 아니 그게 본론이 아니구 너 몇 시에 들어왔냐… 한 시는 무슨 눔으 한 시야 세 시라는데! … 이 자식아, 왜 그러구 살어 왜애. 새벽 세네 시까지 무슨 헷짓으루 기운 빼구 다니면서(에서)

S# 18 정원

정일 (승주 데리고 들어온다 / 승주 꽃 한 아름 안고 들어오면서 벌써 어리둥절하다) 계단 조심해.

승주   엉.

　　　　몇 걸음 더 올라가면서 두리번거리다가.

승주   (멈추고 정일 잡으며) 진짜 니네 집 맞어?

정일   (돌아보며) 엉 왜.

승주   … (보며)

정일   왜애.

승주   얘기 안 했잖어.

정일   뭘.

승주   집 이렇게 크다는 거.

정일   그런 얘길 뭐 하러 해.

승주   … (보며)

정일   왜 그래애… 들어가자. (잡아끌며)

승주   (팔 빼며) 나 그거 있지. 너 그 옛날 영화 안 봤니? 러브 스토리.

정일   아니 몰라.

승주   거기 쬐그만 빵가게 집 딸이 하버드 대학에 건물까지 기증한
　　　　어마어마한 부잣집 아들하구 사랑해서 처음 그 남자 집에 인사
　　　　가는 장면 있거든? 나 지금 그 빵가게 딸 같아.

정일   (O.L의 기분) 집만 쓸데없이 그래. 어마어마할 거 아무거도 없
　　　　고, 알고 보면 별거두 아냐. 여기 집 짓구 온 지 얼마 안 돼. 쭉
　　　　불광동 옛날 동네 살았었어.

승주   어쨌든 좀 사기당한 거 같다.

정일   뭐어?

승주	이건 사기야.
정일	(조금 소리내어 웃으며 승주 어깨 안고 움직인다)
승주	기죽네. 죽지 말어야지.
정일	<u>ㅎㅎㅎㅎㅎ</u>.

S# 19 거실

나사장	(아내는 없고 아직 전화 중) 아무튼 너 이 자식 꼼짝 말구 있어. 꼼짝만 했다 봐라 국물두 없을 테니. 알았어? (하는데)
정일	(앞서 들어오며) 즈이들 왔습니다 아버지.
나사장	어어 그래그래. (해놓고) 알았어? 그래 그럼 됐어. (끊으며) 하하하하 니 엄마하구 나두 지금 한 오 분 됐나? 늦는 줄 알구 아주 혼났다. 하하. 올라와 올라오라구.
정일	올라와.
승주	(올라오고)
정일	(승주 양어깨 가볍게 잡아 앞으로 내놓듯이 하며) 승주예요. 인사드려.
승주	(목례하며) 안녕하십니까.
나사장	어, 니가 김희선 아니아니 승주냐? 허허허허. (괜한 너털웃음) 가만 니 엄마 나오래야지. (괜히 변명하듯) 지금 옷 갈아입구 있을 거다. 내 데리구 나오께. (움직이다가) 그그 그건 뭐 하러 돈 쓰구 사갖구 오니. 아줌마 줘라. 아줌마.
여자	(주방에서 나오며) 네에.
나사장	저것 좀 받어요. 받으라구.

여자　네.

꽃은 여자에게 넘어가고 아버지는 안방으로 서둘러.

S# 20 침실

나사장　(들어오며) 여보, 왔는데?

복희　(한껏 모양낸 홈웨어 입고 화장대 앞에서 머리 손질하면서) 돌아가신 당신 어머니 살아오셨어? 뭐가 그렇게 반가워.

나사장　당신 알지?

복희　뭘.

나사장　정일이 눔 비위 뒤집지 말라 소리 몰라서 물어?

복희　…

나사장　어차피 받기루 했으면 기분 좋게 받어 기분 좋게.

복희　어떻게 생겼어.

나사장　이뻐 이뻐. 김희선은 아니지만 김희선 못지않아.

복희　(화장대에서 거만하게 일어나며) 젊은 애 치마만 둘렀으면 다 이쁜 개눈한테 내가 뭘 물어.

나사장　말을 해두 꼭 쫏…

복희　(거만하게 앞서며) 나와. 어디 한번 봅시다 어떤 물건인지.

S# 21 거실

나오는 부부.

복희　(소파 쪽으로 움직이며) 이리 와 앉어라. 애를 왜 장승처럼 세워놓니. 앉히지 않구.

정일	이리 와. (승주 데리고 움직이는)
복희	(먼저 앉고)
나사장	(이어서 앉으면서) 오너라. 와 와.
승주	(와서 공손하게) 인사드리겠습니다. 승주예요. 안녕하세요.
복희	…… (보는)
정일	… (좀 조마스러워 엄마 보고)
나사장	여보. (조심스레)
복희	(O.L의 기분으로) 그래… 얼굴은 초면이지만 전화루는 몇 번 통했지?
승주	네. (조금 웃어 보이며)
복희	(부드럽게) 우리 애 찾는 전화 몇 번 받은 걸로는 니가 어떤 앤 지 알 수가 없구 / 어쨌든 니가 우리 집 작은며느리로 들어올 모양인데, 그러니까 뭐냐 이건 시험 보는 건 아니니까 그런 줄 알구. 응?
승주	네에.
복희	아버지 언제 돌아가셨니?
승주	제가… 여덟 살 때…
복희	쯔쯔쯔쯔. 오래되셨구나.
승주	… 네.
복희	돌아가시기 전에는 뭐 하셨는데에?
승주	작은 사업을 하셨대요.
복희	무슨 사업?
승주	네 저…

나사장　그거까지 알 거 있나.

복희　가만 계세요.

승주　건축자재사업이었다구 들었어요.

정일　어어 건재상?

승주　아니 저 건재상은 아니구 생산공장.

복희　(O.L) 그럼 아버지 돌아가시구 어머니가 곧장 바느질 하셨니?

승주　… 네.

복희　다른 건 안 하시구 쭈욱 바느질만?

승주　네… 외할머니께서 바느질을 하셨었어요. 그래서…

복희　간판 걸구?

승주　할머니는 간판 안 걸구 하셨었구, 가게 내구 시작한 건 즈이 엄마가 하셨어요.

복희　잘하시니?

승주　? (잠깐 무슨 뜻인가 했다가) 아 네… 그러신가 봐요.

복희　뭐 패션쇼 같은 거두 하더라만 한복두.

승주　아니에요, 즈이 엄마는 그런 건 안하세요. 그냥 점잖은 집안 단골분들이 많이 계셔서…

복희　어디서 하니?

승주　반포에 승주한복이라구…

복희　니 이름 땄냐?

승주　네.

복희　점잖은 집안 어떤 집안들인데?

승주　? (잠깐 보고) 저 그건…

정일	얘가 그거까지 어떻게 알어요 엄마.
나사장	그리구 건 당신이 알어서 뭐 해.
복희	형제는?
승주	맨 위로 언니가 하나 있구 가운데 오빠구 저예요.
복희	결혼들은 했구?
승주	네.
복희	언니는 뭐 하구 형부는 뭐 하는데?
정일	엄마.
승주	(상관없이) 언니는 고등학교 영어 선생이구 형부는 수학 가르 쳐요.
복희	니 오빠가 검사라 그러는 거 같던데?
승주	네.
복희	고시 패스는 단번에 했니?
나사장	하 참 별걸 다 묻네 별걸 다 물어.
승주	네 재학 / 졸업반 때 했어요.
나사장	호오오 재학 중에?
복희	결혼은?
승주	재작년에 했어요.
복희	잘 들어왔니?
승주	네. 착한 언니예요.
복희	뭐 하는 집 딸인데?
승주	? … 그냥 평범한… 학원 선생 하다가 몸이 약해서 지금 쉬구 있어요.

복희	… (학원 선생?)
나사장	다했지? 다했으면 밥 먹자. 배고파 밥먹자구. (에서)

S# 22 주방 식당

식사가 시작된 네 사람.

한동안 누구도 말이 없다.

복희	……
승주	…
정일	…
나사장	(쩝쩝거리며 좀 시끄럽게 먹는)
복희	(문득 남편이 내는 소리가 거슬려서 옆눈으로 보며) 소리 좀 내지 말아요.
나사장	? (의식 못하고 있다가) 허허 그랬어? 소리 냈어?
복희	우리끼리만 있는 거두 아닌데 흉잡히겠어요 점잖지 못하게.
나사장	알았어 조심하께. 흐흐흐흐 미안하다. 미안한데?
승주	아니에요, 괜찮습니다.
정일	이제 식구니까 편해두 돼요 아버지. 별로 거슬리지 않아요.
복희	일찍 과부돼 삼남매 키워내구 공부시키느라 어머니가 고생이 많으셨겠다.
승주	? … 네에.
복희	그래두 용케 대학공부까지 시키셨네… 뭐 다른 부업을 했던지 아니면 아버지가 남겨논 게 좀 있었던지 그렇겠지?
승주	아니에요. 남겨노신 거 오히려 빚밖에 없었대요. 아버지 돌아

가시구 집두 팔구 방 두 개짜리 셋집으루 갔었어요.

복희 ? … 지금두 셋집이니?

승주 아뇨… 지금은 아니에요.

복희 단독이니 아파트니?

승주 아파트예요.

복희 몇 평짜리?

나사장 핫 참 거 별걸 다 묻는다 엉?

승주 삼십팔 평이에요.

복희 …

나사장 왜 은행에 잡힌 건 없나 그건 안 궁금해?

복희 잡힌 건 없니?

승주 ? (했다가 웃으면서) 저는 없는 줄 아는데요… (에서)

S# 23 거실

가정부 차와 과일 내는데 승주 거들고 있다.

가정부 아웃되고 자리 잡고 앉는데 정아 들어오면서.

정아 다녀왔습니다아. 어 벌써 저녁 끝났구나. 에에이 혼자 먹어야 겠네. 아줌마 나 저녁 먹어야 해요!

여자 (E) 네에.

정아 (소파 쪽으로 오며) 시간 맞출려구 했는데 너어무 막혔어 엄 마. 인사 안 시켜 오빠?

정일 니가 먼저 해.

정아 (엉거주춤 일어나 있는 승주 보고) 어어 생각보다 괜찮네에?

정아예요. 오빠 바로 아래.

승주　안녕하세요.

정아　엄마가 지기는 했지만 글쎄에?

복희　쓸데없이 나불거리지 말구 니 볼일 봐.

정아　깨르륵, 경락 좀 받지 왜애. 엄마 얼굴 (두 손으로 제 얼굴 양
　　　　뺨 아래로 쭉 늘이면서) 이래. 영 말 아냐.

복희　(눈 부릅떠 보이고)

정아　(깰깰거리며 이층으로)

나사장　(기웃이 아래서 위로 아내 얼굴 살피는)

복희　(탁 남편 돌아보면)

나사장　(얼른 자세 바꾸며) 신경 쓰지마, 이뻐 이뻐.

복희　결혼 준비에는 특별히 신경 안 써두 될 정도는 돼 있니?

승주　(보는) …

복희　느이 오빠가 재작년에 혼인했다니까 여력이 어떨까 느이 집 걱
　　　　정돼 하는 말이니까 오해할 건 없구.

승주　아마… 엄마가 제 몫으루 따루 좀 만들어두신 걸루 알아요…
　　　　저두 보태구 그럼 호화롭게는 못해두 상식선은 지킬 수 있을
　　　　걸루 생각합니다.

복희　그래 상식선이라는 게 있지. 나두 그렇게 허황한 사람은 아니
　　　　다. 그런데 그 상식이라는 거두 집안마다 경제력 따라 다 다르
　　　　니까 말이다.

정일　(부드럽게) 엄마, 그건 우리 둘이 의논해서 알아서 할 테니까
　　　　신경 쓰지 마세요.

복희	집은 어떡할래?
정일	(조금 웃으며) 그걸 왜 승주한테 물어요? 집은 제가 할 일인데.
나사장	아 왜 그래 재 몫으루 잡아둔 아파트 있잖어. 거기루 들여보내면 되지 웬 집 걱정이야.
복희	곧 유학 갈 놈한테 그거 내줘요?
정일	말씀드렸잖아요 유학 안 가요.
복희	유학 안 가구 뭐 해 그럼.
정일	친구들하구 프로그램 개발사업 한다 그랬잖어요.
복희	유학 가 박사 따 갖구 와 교수하란 말야, 이 녀석아.
정일	박사 실업자가 얼마나 많은데 엄마 물정 좀 아세요.
복희	너야말루 물정 좀 알구 살어. 왜 실업자야? 교수 만드는 건 내가 할 테니까 넌 박사만 돼 갖구 와.
정일	엄마. (어디까지나 부드럽게) 저 박사 절대루 안해요. 욕심 버리세요.
복희	나 위해서 박사 하라니?
정일	저는 싫다는데 자꾸 하라면 그건 엄마 위해서지 저 위해서가 아니에요.
복희	(쏘아보는)
나사장	아 싫대잖아아아.
복희	시끄러워요! (빽) 당신 누구 편야아!!
승주	? (승주는 느닷없는 고함에 놀라고/옆의 정일은 낭패스럽고 부끄럽고 / 에서)

S# 24 승주의 아파트 출입구 앞으로 들어와 멎는 정일의 지프

S# 25 차 안

둘 다 그냥 앞 보면서.

정일 느이 집하구 다르다는 거 이제 알겠지?

승주 (돌아보며) …

정일 부끄러워.

승주 뭐가… 뭐 그럴 정도까지야… 그럴 거 없어… 조금씩은 다 다르잖아.

정일 (시선 내리며) … (뿌우우우)

승주 아버지가 좋으시더라 뭐. (웃으며) 엄마는 쎄시구.

정일 ….

승주 근데… 혼수 말야. 우리 집 형편 너는 알잖아.

정일 (돌아보며) 할 수 있는 만큼만 해… 크게 무리할 건 없구.

승주 적게 무리는 하구?

정일 아무래두 어느 정도는 초과가 되지 않겠니?

승주 나는 그것두 안 하구 싶거든. 다 우리 엄마 짐이란 말야.

정일 (끄덕이며) 알어. (하는데)

(E) 빵빵 클랙슨 소리 / 뒤에서 빠져달라는 다른 차 경적.

두 사람 동시에 돌아보고.

승주 (벨트 풀면서) 가, 나 들어갈게.

정일 응.

승주 (내리려는데)

정일   (잡으면서) 승주야.

승주   (돌아본다)

정일   나 너 진짜 좋아해.

승주   응 좋아해줘서 고마워. 나두 좋아해. 가. 응?

정일   그래.

S# 26 차 밖

승주   (내리고 / 손 흔들어주고)

         빠지는 자동차.

승주   … (착잡하게 보고 섰다가 조금 무거운 발길로 돌아선다)

S# 27 승강기 안

승주   (조금 기대듯 서서 숫자판 보면서) ……

S# 28 승주네 거실

진숙   (들어오는 승주 맞으면서) 시간은 맞췄어? 잘하구 왔어?

승주   살하구 못하구가 어딨어 머.

수경   (같이 나와 섰다가 O.L의 기분) 어떠세요? 아가씨 맘에 들어
         하세요?

승주   그럼요. 나 맘에 안 들어 하는 어른 없어요. (좀 어리광 부리듯)

수경   에이 아가씨는…

진숙   (수경과 동시에) 그럼 요새 우리 승주만큼 참한 색시가 어딨는
         데. (손잡아 중앙으로 움직이며)

승주 오빠는?

수경 모임 있대요. 늦는대요. (하며 먼저 풀썩 앉다가 어지러워) 으 ㅇㅇㅇㅇ.

진숙 에이그으. (승주가 벗어내는 상의 받다가 돌아보고)

승주 근데 엄마… (하며 스타킹 벗는) …

진숙 … (선 채 기다리다) 뭔데… 왜 시작하다 말어.

승주 (스타킹 벗으며) 나 상대 잘못 골랐어.

진숙 건 또 무슨 소리야.

승주 (벗은 스타킹 아무렇게나 든 채 푹 앉으며 뿌우우) 걔네 집 너 무 잘사는 거 있지.

수경 부자예요?

승주 (엄마 보며) 집이 엄청 좋드라. (뿌우) 기 좀 죽었어.

진숙 저런 쯔쯔… 얼마나 좋은데 기까지 죽었어그래.

수경 시집이 부자면 좋지 뭘 그래요 아가씨.

승주 엄마 나 혼수 예산 얼마나 돼?

진숙 혼수 어떡할 거냐 그러셔?

승주 아니이, 그런 얘긴 없었는데 그냥 나 혼자 걱정이 돼서.

진숙 걱정 마. 오빠 때 별루 안 써서 괜찮아. 하자구 들면 한두 끝두 없는 게 혼수라지만 암튼 빠지는 거 없이 할 거 다 할 거야. 마 지막인데 젖 먹은 기운까지 다 끄내서 내 한껏 해 보내줄테니 까. (웃으며)

승주 얼마 갖구 쓸 건데?

진숙 글쎄, 내가 해. 알 거 없어. 그래 시부모 되실 분들은 어떠시대?

너 좋아라 하셔? 따듯하셔?

승주   그러엄… 좋아하시더라구. 따듯하셨어.

진숙   그럼 됐어. 따듯한 집안으루 시집가는 게 제일 큰 복이야.

승주   근데 얼마 만들어놨수?

진숙   꼭 얘기해야 해?

수경   저 때매 그러세요 어머니? 저 상관없으니까 말씀하세요오. 깔깔… 어머니 감출려구 하시니까 더 궁금하네. 얼마예요 어머니?

진숙   승주 적금 타 맡긴 거까지 육 천쯤 돼.

수경   히이익 / 그렇게나요? (승주도 좀 놀라고) 그거면 뒤집어쓰구두 남겠다. 아가씨 안심 푸욱 해두 되네요. 네?

승주   웬 돈이 그렇게 많어?

진숙   그 정도는 있어.

승주   살았다… 그거면 별루 후지지 않게 어지간히는 될 거야. 그치 엄마?

수경   후지다니요오… 아파트가 한 챈데에…

승주   진짜 작은 아파트 한 채네에? 엄마 능력 있어어어? (하며 엄마 껴안는다)

진숙   … (마주 안고 토닥이면서) 그렇지두 않어. 승주가 보탠 게 이천이나 되잖어… 으흐흐흐흐흐.. (에서)

(F.O)

S# 29 어느 호텔 전경

S# 30 호텔 중식당

큰 원탁에 가족들 다 같이 선 채 인사가 진행 중이다.

정일 형님하구 형수님이세요.

정균 안녕하십니까. 처음 뵙겠습니다. 하하. (혜수는 그저 미소로 목례만)

승주 가족 (다 같이 목례하고)

승주 언니하구 형부세요.

상훈·연주 안녕하십니까 안녕하세요. (한마디씩)

정일 가족 (인사받고)

정일 그다음에 여동생입니다. 아직 학생이에요.

정아 안녕하세요.

승주 가족 (적당히 답례하고)

승주 오빠 내외예요.

형주 박형주라구 합니다. 안녕하십니까. (수경은 같이 인사)

복희 (가족과 함께 답례하고 나서) 검사시라구요.

형주 흠흠 네에.

나사장 자, 이제 다 끝났으니 앉지 여보. 앉으시지요. 앉읍시다 앉아요.

복희 (앉으면서) 우리 장남 결혼 때는 아주 아름답고 훌륭한 약혼식을 했었는데, 애들이 생략하재서 생략은 합니다만 뭔지 모르게 서운한하군요.

진숙 네에 그러시죠.

나사장 약혼식보다 결혼식이 급한 모양입니다. 허허허허.

상훈 약혼식 그거 두 사람 경우에는 (연주 제 남편이 무슨 소리 하려나 해서 보고) 중매두 아니구 오 년이나 연앨 한 사이에 약혼 경비 따로 또 써가면서 낭비죠. 저는 그렇게 생각합니다.

연주 (작게) 꼭 그렇게만 생각할 건 아니에요. 일생에 한 번인데 약혼식두 의미 있지 뭐.

복희 그렇구말구요. 할 수 있으면 하는 게 빼먹는 거보다야 좋죠. 우리 착한 정일이 쟤가 속이 깊은 애랍니다. 약혼식으루 처가 될 집안에…

형주 ? (해서 보는 위에)

복희 (E) 부담 주지 말자구 해서 제가 양보를 했지요.

연주 (복희 쪽 보는 위에)

복희 (E) 장가두 가기 전부터 처가 생각을 끔찍이 하네요.

진숙 네에…고맙네 나서방.

나사장 어찌 됐거나 간에 인연이 있어서 이렇게 양가가 혼인을 맺게 됐는데 고이 기른 따님 보내주셔 감사합니다.

진숙 학교 졸업하구 곧장 직장생활루 뛰어들어 할 줄 아는 거두 별반 없구 부족한 거투성입니다. 모쪼록 너그러이 이쁘게 봐주시기 부탁드립니다.

복희 하긴 요새 애들 신부수업 따루 받은 집 딸 아니면 뭐 아는 게 있나요. 천방지축이지요.

연주 신부수업 따루 안 받았어두 예의범절이나 그런 건 별로 빠지지 않을 거예요. 워낙 모범생이거든요. 집안일이야 금방 다 하게 되구요.

진숙 그래두 어른 눈에 안 차는 구석 많을 거야. 잘 가르쳐주세요.

부끄럽습니다만 저는 제대루 가르칠 짬이 없었습니다.

복희 네에 이해하죠오. 여자 혼자 몸으루 삼남매 최고학부까지 시키느라면 돈고생 마음고생이 얼마나 막심하셨겠어요.

진숙 그렇지는 않습니다. 모두 다 착하구 어질어서… 그리구 공부들두 다 각각 장학금두 받구 아르바이트두 하구 큰 힘은 안 들게 했어요.

나사장 호오, 머리가 좋은 집안이구먼요.

웨이터 (와서 정중하게 복희에게) 사모님 주문…

복희 (거만하게) 아, 우리 먹는 코스 있죠 왜.

웨이터 네.

복희 (E) (복희 보는 형주 부부 위에) 그걸루 해요.

웨이터 (E) 알겠습니다. 술은 어떤 걸루?

복희 (E) (복희 보는 연주 부부 위에) 저번에 이 양반 먹다 남긴 거 있죠? 그거 내오구 같은 걸루 한 병 더 내요.

복희 술자리는 아니니까 건배만 하면 돼요. 알았죠?

웨이터 네, 그렇게 하겠습니다.

복희 (좀 오버해서) 아가. 새애기는 와인 마실래?

혜수 (느닷없어서 퍼뜩) 아아니에요 어머니. 생각 없어요.

복희 생각 없다네. 주문 끝났어요, 미스터 김?

웨이터 네 사모님.

복희 잠깐.

웨이터 네.

복희 그런데 여기 공기가 왜 이리 탁해요. 혹시 기계 고장 아니에요?

웨이터 그럴 리가 없는데요 사모님.

복희 (E) (조마조마한 정일 위에) 그런 소리 말구 한번 알아봐요. 아
우, 답답해.

복희 (제 가슴 치면서) 왜 이리 답답하지?

나사장 당신 너무 꽉 끼는 옷 입어 그런 거 아냐?

복희 (힐난의 눈으로) 내 몸에 끼는 옷이 어딨어요.

정아 엄마 그 옷 너무 꽉 맞어요. 쫌 늘구든지.

복희 늘굴 정도는 아냐. (에서)

S# 31 호텔 앞 / 밤

다 같이 나오는 양가 가족들.

이내 대어지는 복희네 자동차 두 대.

나사장 아따 그 녀석들 빠르기는…

정균 저기 차편이 어떻게 되시죠?

상훈 아 걱정 마세요. 우리두 차 있습니다. 갖구 왔어요.

정균 아아 네. 아니면 제 차 쓰셔두

형주 (O.L) 아닙니다. 먼저 쓰시죠. (하고 엄마에게) 어머니 먼지 가
시도록 하세요.

진숙 어 그러엄. 먼저 가세요.

나사장 아니 차 부르세요. 즈이 먼저 어떻게… 같이 출발하도록…

복희 교통 방해니까 우리 먼저 움직여요. 자 그럼…

진숙 네 안녕히 가세요.

복희 (냉큼 자동차로 오르며) 얼른 타요. (큰아들 내외에게) 느이두

얼른 타.

나사장 (자동차로 타려 하면서) 얘 느이들은…

정일 저 승주 데려다주구 들어갈게 들어가세요 아버지.

나사장 어 그래 그래라. 자 그럼 먼저 갑니다. (목례하며)

가족들 (답례하고)

떠나는 두 대의 자동차.

상훈 잠깐 계세요 장모님. 제가 차 갖구 오께요.

정일 아니, 키 주세요. 제가 갖구 올게요. (하는데)

진숙 (O.L) 아냐 아냐… 우리가 같이 가지. (형주에게 웃어 보이며) 나두 답답하네. 바람 좀 쐬구 싶어. 우리가 가서 타자구.

형주 아 그럼 그러죠. 가세요. (엄마 팔 잡고 움직이며) 우린 우리대루 움직인다.

승주 (개운치 않은 얼굴로 가족들 보며) 어, 그래 오빠…

정일 (가족들 주차장으로 움직이는 것 보다가) … 커피 마실까?

승주 (가족들 뒷모습 보며) 아니…

S# 32 승주의 거실

진숙 (녹차 따르고 있다) … (따르는 동안 모두 침묵)

연주 (문득) 엄마 기분 별루지?

진숙 … 왜애.

연주 내 기분이 별루니까…

진숙 나는 뭐… 괜찮은데?

연주 거짓말… 형주야 너 어때.

형주	재미없어.
연주	그렇지?
수경	좀… 웃겨요. 그죠 어머니.
진숙	뭐 소탈하구 좋기만 하던데.
연주	… 유치하기두 하구 상스럽기두 하구…
진숙	연주 마음에 드는 사람이 어딨어?
상훈	저두 마음이 안 드는데요, 장모님.
진숙	그러지들 마. 승주 신경 써. (하는데 승주 들어온다)
진숙	어? 금방 들어오네?
승주	… (대꾸 없이 차 마시는 자리로)
수경	(얼른 일어나 찻잔 가지러 움직이고)
상훈	곧장 따라왔어?
승주	네… 미안해… 모두 다한테.
상훈	? 왜 뭐가?
승주	모두 다 기분 그렇잖아요.
상훈	아냐아, 우리 그런 거 없어. 어머니두 사람들 소탈하구 좋다 그 러시는데?
승주	처음부터 정일이가 걱정했었어. 우리 집하구는 분위기가 다르 다구.
수경	(승주 찻잔 쟁반에 들고 나와 낸다)
진숙	(차 따라주고)
상훈	(승주에 연결) 집집마다 다 다르지, 처제 신경 쓸 거 없어. 그게 뭐 어떻다구 그래.

연주	모두 바보만 모였수? 그래 니 시어머니 될 양반 좀 밥맛이더라. 뭐 그렇게 잘난 척이니? 잘난 거 하나두 없겠드구만.
승주	정일이두 마음에 안 들어 해.
진숙	원래 혼사에는 아들 가진 엄마가 으스대게 돼 있어. 별일두 아닌 거 갖구 괜히 이러니저러니 뒷말할 거 없어. 시어머니 재목은 좀 으스대구 시아버지 될 양반하구 시숙감은 편안하구 좋던데 뭘.
연주	난 유치한 사람은 못 참거든.
상훈	사람 다 유치한 데 있어. 당신은 없는 줄 알어?
승주	오빠는 왜 암 말 안 해?
형주	들어가 살어야 하니?
승주	아니, 아닐걸? 형두 따루 사는데 뭐.
형주	그럼 됐어. (하고 일어서며) 뭐 볼 게 좀 있어요. 먼저 일어날게요 매형.
상훈	어 그래, 들어가.
형주	누나 잘 가요.
연주	엉. (형주 아웃되고) 킥킥… 쟤가 영 김새나부네. 시커먼 외제차 두 대 날씬하게 와서 대는데 나두 김 팍 새더라.
상훈	이런 속물하구는.
상훈	(E) (조용히 차 마시는 승주 위에) 유치한 거 싫다는 사람이 이 유치한 거 좀 보라지.
연주	(E) 유치한 게 아니라 솔직한 거야.
상훈	(E) 나는 돈냄새 쿠려서 코를 못 들겠더라. 수출하는 국산차 늘

비하게 두구 외제차는 왜 타.

(F.O)

S# 33 복희 집 전경 / 낮

S# 34 거실

승주　(우두커니 서서 기다리고 있다) …

여자　(차 쟁반 들고 나오면서) 아유, 왜 앉지 그러구 있어요. 사모님 나오실려면 좀 걸릴 텐데 다리 아프게. 앉어요 에?

승주　괜찮습니다.

여자　(찻잔 내놓으며) 참 요새 젊은 사람 같지 않네에. (하는데)

복희　(나오면서 O.L) 아줌마 웬 말이 그렇게 많어. 아는 척하지 말구 얼른 들어가.

여자　… (아웃되고)

복희　(인사하는 승주에게) 그래 앉어라. (승주 움직이는데 먼저 앉으면서) 직장생활하는 애라 시간이 자유스럽질 않아서 꽤 불편하구나. 정일이는 즈 아버지 모시러 골프장 갔다. 내기 오늘 차 쓸 일이 있어서 차 안 갖구 가셨거든.

승주　네.

복희　알구 있니?

승주　… 네.

복희　예식 날짜 이제 불과 한 달밖에 안 남았는데 어떻게 준비는 잘 돼가니?

승주	안 그래두 부르셨다구 하니까 엄마가… 저기 어머님 아버님 한복 / 한 번 가게루 나와주십사구 말씀드리
복희	(O.L) 아 한복 / 우리는 우리 단골집에서 맞출 테니까 따로 신경 쓸 거 없다.
승주	?
복희	니 엄마 솜씨 못 미더워서가 아니라 내가 옷에 좀 까다로워서 아무 집에서나 안 입거든. 그러니까 오해 없도록 잘 얘기하고, 우리 건 우리 맞춤집에서 맞춰다우.
승주	… 네에.
복희	내가 알아서 하구 청구서 보낼 테니까 입금만 시키면 돼. 느이 껀 알아서 하구…
승주	알겠습니다.
복희	그리구 마고자하구 조끼 단추 촌스럽게 누우런 금단추로 하는 거 아닌 거 알지?
승주	? … (보는)
복희	산호는 무거우니까 정일이는 금파루 하구 느이 시아버지 껀 큰 애가 비취루 해왔으니까 너는 밀화 정도루 하렴. 요즘 값이 많이 내렸다드라. 물건두 물건 나름이니까 너무 시원찮은 걸루는 하지 말구 알두 보기 좋을 만한 사이즈는 돼야 해. 한복 만지는 느이 엄마두 알 거야.
승주	… 네.
복희	그런데 얘, 내가 고민이 많다.
승주	?

복희	느 엄마 삯바느질루 삼남매 대학 졸업까지 시킨 느이 집에 무슨 여력이 그리 있겠냐만, 그건 느이 사정이구 실은 우리 큰애, 그러니까 니 윗동서가 말이다 / 혼수를 정말 잘해 왔거든. 워낙 있는 집이라 제대루 해 보냈어.
승주	… (보며)
복희	형제끼리 너무 기울어두 그게 좋을 게 없구 또 니 혼수가 너무 부실하면 시집와서 너두 큰애한테 깔보이지 않겠니?
승주	(시선 내리며) …
복희	어 거 와이셔츠 카프스 보턴 말이다, 큰애는 요일별루 일곱 세트 해 왔더라.
승주	?
복희	그것두 다 이름 붙은 보석 알루.
승주	즈이 집은 그렇게는 못해요, 어머니.
복희	그렇게 해 오라는 게 아니구 그렇다는 거 알어두라 소리야.
승주	네.
복희	예물 시계는 니 꺼랑 정일이 꺼 내가 봐둔 게 있다. 그리구 내 코트랑 쇼올, 핸드백 (옆의 선화 옆에 두었던 종이 집어 피보면서) 내가 상품 남버랑 상점 이름 다 챙겨놨으니까 준비하구 / 어 그리구 아파트에 들일 가구 살 가구점 전화번호두 적어놨으니까 가서 우리 집에 들어갈 혼수품이라구 하면 제대루 추천 해줄 거야. 나온 김에 한 바퀴 돌아서 예산하구 맞추도록 하렴. 냉장고니 세탁기니 그런 자질구레한 전자제품은 따로 뽑아줄 테니까 그건 나중에 하구. 옛다. (종이 내민다)

승주	(받으면서) 저기 아파트는… 몇 평짜리…
복희	아, 그게 마흔다섯 평이지 아마?
승주	?
복희	유학 보낼 생각으루 주욱 세놨었는데, 마침 지난달에 비어서 지금 수리하는 중이야. 한 이 주일이면 수리 끝나니까 니가 운이 좋다.
승주	너무 큰데요 어머니. 한 스무 평만 돼두…
복희	아이구 애, 그러지 마라. 그거 정일이 몫으루 사둔 거야. 없으면이야 모르지만 두구 웬 궁상야, 스무 평이라니.
승주	처음부터 너무 큰 집보다는
복희	(O.L) 지가 벌어 자수성가할 눔 아니구 어차피 부모덕에 호강하는 눔야. 너는 남자 하나 잘 잡아 운수대통이다.
승주	…… (시선 내리면서)

S# 35 어느 백화점으로 들어오고 있는 승주

S# 36 백화점 안

승주	(들어와 두리번거리면서 상점 찾아 들어간다)

S# 37 까르띠에

승주	(들어오자)
점원	어서 오세요.
승주	저기… (주머니에서 종이 꺼내 손가락으로 가리키며) 이 시계

가 얼마나 하죠?

점원 (기웃이 보고) 아, 천이백인데요.

승주 ? … 네에? (에서)

S# 38 같은 백화점 밍크 가게

점원 사천칠백오십이에요. (움직이려 하며) 정말 좋은 밍크예요. 보여드릴게요.

승주 (얼이 반은 빠졌다) 아니 아니, 아니에요. 됐어요 됐습니다. (하고 황망히 나간다)

S# 39 에스컬레이터로 내려오고 있는 승주

승주 (너무 기가 막혀 허 콧방귀가 소리 나게 나오고 앞사람 힐끗 돌아보는데도 의식 없이 또 한 번) 허! … 허허!

S# 40 외제 가구점

승주 (침대 보고) 얼마죠?

사장 (육십대 멋쟁이 여사장) 그거 천삼백이죠 아까. 얘, 맞지?

여점원 네에. (저쪽에서 이쪽 보고 있다가)

승주 네에… 저거는요. (옷장)

사장 안목이 참 좋으시다아. 천백까지는 주셔야 해요.

승주 싸네요.

사장 뭐 볼 줄 아셔. 싸지요. 이건 대 물리는 가군데 국산 가구에 어디 대나요. 정말 좋은 물건이에요, 신부님.

승주   저거 장식장인가요? 저건 얼마예요?

사장   팔백오십인데요.

승주   싸네에에.

사장   나회장님 댁이시라 특별히 싸게 드리는 거예요.

승주   네에에에.

사장   며칠 전에 사모님께서 대충 찍어놓구 가시면서 오시면 보여드
        리라구 하셨는데, 침대는 지금 보신 저거구 나머지는 이층에
        있어요. 올라가보시죠. 이리 오세요.

승주   (그냥 선 채) 찍어놓구 가신 게 얼마치나 되는데요?

사장   얘, 얼마 나왔니?

점원   (아무렇지도 않게) 일억 칠백인데 칠백은 털기루 했어요.

승주   (기막혀서 입 조금 벌어지며 멍하니 사장 보는) …

사장   신부가 참 이쁘네에… 아니 친정어머니랑 같이 나오지 왜 혼자
        나오셨수우? (에서)

S# 41 근처 커피숍

승주   (혼자 커피잔 들고 멍하니) …… (멍하니 있다 한 모금 마시고
        (커피잔 내리며 또 멍하니) ……
        (E) 핸드폰 벨… (핸드백 안에서 울리는데 제 생각에 빠져서
        마냥 벨이 울려도 모른다)
        벨소리샘으로 넘어가기 한두 번 전에.

종업원   (와서) 저기 전화 왔는데요.

승주   ? … 아아. (하고 전화기 꺼내서 연다) 네에…

정일   (F) 뭐 바쁜 중이니? 샤워하는 줄 알았어. 뭐 해?

승주   뭐 그냥. 너는?

S# 42 골프장 주차장

정일   (자동차 유리 걸레로 닦으면서) 아버지 기다려. 근데 좀 늦을 거 같다. 운동 끝나시구 신갈 친구분 댁에 가서서 식사하신대… 그럼 늦어지시거든.

승주   (F) 그래, 알았어.

정일   열 시 넘으면 전화 안 한다. 너 자야잖어.

S# 43 카페

승주   엉, 하지 마.

정일   (F) 내일 보자.

승주   엉. (전화 끊으면서 생각하다가 벌떡 일어난다)

S# 44 복희의 거실

여자   (앞서 나오면서) 지입 끝나구 한참 달게 주무시는 거 깨워서 기분이 안 좋으실 거예요.

승주   죄송합니다… (여자 아웃되고 꽤 기다리는 시간)

복희   (잠옷 위에 가운 걸치며 나온다. 약간 짜증나서) 왜, 무슨 할 얘기가 있어서 자는 사람 일어나 나오게 만드니이? (앉으며 하품) 아으아으으으으으. 되다. 와 앉으렴. (하고) 아줌마아, 매실차 좀 만들어 와.

여자	(E) 네에.
승주	(그동안 앉고)
복희	그래 할 얘기가 뭔데 응?
승주	저… 어머님이 적어주신 거 들구 가구점까지 한 바퀴 돌았어요.
복희	그래? 동작이 빠르구나 너.
승주	저 / 혼수 그렇게는 못합니다. 즈이 집 능력 밖이에요.
복희	… (보며)
승주	꼭 그렇게 해오라는 말씀이신가요?
복희	… (보며)
승주	그러세요?
복희	너 나한테 뭐 따지러 왔니?
승주	그런 게 아니라…
복희	아주 돼먹지 못했구나 이제 보니. 내가 언제 꼭 그렇게 해갖구 오랬니. 혼수 안 해갖구 시집올 수는 없을 거구 어차피 하게 돼 있는 혼수 / 이것저것 쓰레기나 다름없는 물건에 아까운 돈 쓰지 말구 / 하나를 해두 똘똘한 거 하라구 / 적어두 우리 집 기준은 니가 알아야 할 거 같아서 일껀 신경 써 일러준 건데 / 지금 시어미한테 고개 빳빳이 들구 너 이게 무슨 개수작야!
승주	? … (너무 놀라서 말문이 막히고)
복희	능력이 없으면 겸손하기나 하든지 능력 없는 게 무슨 자랑할 일야? 능력 없다는 건 무능하다는 건데, 무능한 건 수치지 자랑거리가 아니에요.
승주	제 태도가 거슬리셨다면 죄송합니다. 잘못했습니다.

복희   그러엄 잘못했지.

승주   죄송합니다.

복희   어이구우우 무서워. 정일이한테 행여 헛소리 마라. 니가 우리 모자지간 갈라놀까 겁난다 으응?

승주   그럼 어머니 꼭 그렇게 안 해두 된다는 말씀이시죠?

복희   도대체 니 집에선 예산을 얼마 잡구 있다던?

승주   육천만 원 정도라구 하셨습니다.

복희   (같잖다) 아니 고걸 갖구 딸 시집보낼 심산이라니? 니 엄마두 보통 배짱이 아니구나.

승주   …… (그저 보는)

복희   하기야 (여자가 내온 매실컵 획 잡으면서) 왜 이렇게 굼떠! 명 짧은 사람 숨넘어가겠어. (벌컥벌컥 마시고 탁 놓으며) 하기야 천만 원 갖구두 보낼려면 보내지. 냉수 한 사발 떠놓구 하면 한 푼 안 들어두 되구.

승주   어머님 밍크코트하구 쇼올 못해 드려요.

복희   허 / 육천으루 코트하구 쇼올값이나 자랄는지 모르겠다.

승수   예물 시세는 백만 원 이내루 하겠습니다. 기구는 실용적인 국산 가구로 들이구 전자제품두 국산 하겠어요.

복희   얘, 니 동서 친정에서는 예단비를 큰 거 한 장 보냈다. 큰 거 한 장이 얼만지는 알지? 억이야 억.

승주   …… (보며)

복희   육천, 너 너무하지 않니? 우리 죽으면 물려받을 재산이 얼만데 그런 자리에 시집을 보내면 나 같으면 집을 잽혀서라두 할 만큼 해 보내겠다.

승주　(시선 내리는) …

복희　아, 너 은행에서 융자두 될 거 아냐. 니 언니 오빠두 좀 거들구
　　　그럼 적어두 한 장 반은 만들겠다.

승주　그렇게까지는 하고 싶지 않아요.

복희　야 육 천짜리 혼수를 챙피스럽게 어따 뻐쳐놓니!

승주　(보는) …

복희　나 아는 집 아들은 장가들자마자 장인이 삼십 억짜리 땅 등기
　　　이전해줬다더라. 원 그런 집두 있는데 뭐 백만 원 이하 예물시
　　　계에 뭐가 어째?

승주　(안 보며) 맞춰드리지 못해 죄송합니다. 그럼 저 이만… (하고
　　　일어서는데) 가보겠어요.

복희　혼사 치르면서 무리 안 하는 집이 어딨어. 오죽하면 기둥뿌리
　　　뽑는다구 할까. (일어나며 반은 혼잣소리처럼) 자격이 없으면
　　　널름거리지나 말든지. (하며 침실 쪽으로)

승주　(멍하니 보며)

복희　(문득 돌아보며) 정일이한테 쏘삭질하지 마 괜히. 그럼 평생
　　　웬술 줄 알어. 내가 너 받구 싶어 받는 줄 아니? 어디서 통통하
　　　게 하네 못하네야. (하고 핑 들어가버린다)

승주　(어금니 꽉 물고 참는데 눈물 툭툭툭툭) ……

S# 45 복희네 집 커다란 대문을 초라한 심정으로 나오고 있는 승주

S# 46 동네 길을 타박타박 걸어 내려오고 있는 승주

S# 47 아래 큰길 버스정류장에 서서 버스 기다리고 있는 멍청한 승주

S# 48 버스 안의 승주

S# 49 아파트 근처 카페

승주   (골똘하게 앉아 있다 / 찻잔은 손도 안 댄 채)

정일   (E) 그동안 너한테 결혼 얘기를 안했던 건… 너 실망시킬 게 겁나서였어. 그게 겁나서 차라리 결혼 같은 거 안 할 수 있으면 안 했으면… 그렇기두 했구.

승주   … (그대로)

정일   (E) 우리 집 니네 집하구는 분위기가 사뭇 달라. 니가 많이 참아야 할 거야. 그래줄 수… 있지?

승주   (E) 우리 언니 그러는데 나 미련 곰탱이래. 너랑 같이만 살 수 있다면 미련 곰탱이루 참으께. 어떤 일두 참으께.

승주   (고개 옆으로 좀 들면서 어금니 지그시 무는 듯한)

S# 50 승주네 현관 거실

진숙　(멸치 다듬고 있는데)

　　　　(E) 현관 키 돌리는 소리

진숙　(돌아보는데)

승주　(들어온다)

진숙　꽤 걸렸네… 여태 나서방네 있었어?

승주　(아무 일 없는 듯) 아니, 가구점이랑 좀 돌아다녔어. 뭐 해?

진숙　멸치 좀 다듬어놀려구. 언니랑 같이 다니지 왜.

승주　우선 내가 좀 봐놓구. 언니두 피곤한 사람이잖아. 옷 갈어입구
　　　　나올게. (움직이며)

진숙　응 그래.

승주　(제 방으로 움직이다) 왜 이렇게 조용해? 낮잠들 자?

진숙　같이 슈퍼 갔어.

승주　으응. (하고 제 방문에 손댔다가 도로 엄마 쪽으로 오며/마루
　　　　로 시선) 엄마 있지…

진숙　? …

승주　(엄마 앞으로 와서 앉으며) 한복 맞추는 거 있잖어?

진숙　어 참, 언제 나와주시겠대?

승주　있잖아, 그쪽 껀 주욱 맞춰 입으시는 데서 할 테니까 (좀 어정
　　　　쩡하니 웃으며) 우리는 돈만 내주면 된대.

진숙　… (보며)

승주　엄마 옷이 좋은데 취미가 별룬 거 같애.

진숙　내가 못 미더우신가보지 뭐.

승주	그치만 너무하는 거 아뉴? 나 많이 화났어.
진숙	(웃으며) 화날 일두 많다.
승주	엄마가 하는 거보다 돈두 많이 들 거 아냐.
진숙	나 바느질하는 사람 아니라구 치면 되지 뭐.
승주	예산 초과잖어.
진숙	예산은 으레 초과하게 돼 있어. 걱정 마. (딸 머리 만져주면서)
승주	… 거기다 (걱정스레) 정일이 마고자랑 조끼 단추 / 산호루 하래.
진숙	(아주 잠깐 포즈 두었다가 아무 일 아닌 듯) 그래, 시아버님 꺼는?
승주	뭐… 금파라나…
진숙	(끄덕인다)
승주	그렇게 하는 거야?
진숙	(웃으며) 잘하는 집은.
승주	또 초과잖어.
진숙	괜찮어. 걱정 마. 안 그래두 상견례 하구 나서 좀 다르게 생각해야겠구나 작정했어.
승주	?…
진숙	옷 갈어입구 어이 씻어. 내가 알어서 해.
승주	엄마 돈 더 만들려구?
진숙	그래.
승주	무슨 수루?
진숙	걱정 마 글쎄. 언니두 융자 얻는다구 번쩍거리는 거 말려놨어.
승주	하지 마 엄마. 언니두 엄마두 절대루 할 필요 없어. 그냥 예산

안에서 해. 쓰다 모자라면 몇 가지 빼면 돼.

진숙   난 그러구 싶지 않은걸?

승주   엄마가 무슨 돈 있어. 뻔한데. 빚 지구 그러는 거 나 싫단 말야. 빚지면 갚아야잖어. 엄마 빚쟁이 만들어놓구 시집가는 거 싫어. 나 그거 안 해.

진숙   빚 안져두 돼 글쎄. 승주가 걱정할 일 아니라니까?

승주   빚 안 지구 어떻게. 엄마 쌈짓돈 따루 또 있수?

진숙   쌈짓돈이 어딨어?

승주   그러엄.

진숙   월세 받는 할머니 아파트 칠천은 받겠드라.

승주   ?··· 엄마 미쳤어? 하지 마 절대루 하지 마. 엄마 그거 하면 나 시집 안 가. 내가 돌았어? 할머니 아파트까지 팔아서 시집가게?

진숙   팔 게 있으니 다행이지 뭐.

승주   엄마 노후자금이잖아.

진숙   그게 뭐 필요해 오빠가 있는데에···

승주   (O.L 울음 터뜨리면서) 우리가 속 썩인 게 얼만데 엄마 빈털터리 만들면서까지 시집가. 그딴 짓 절대루 안 해 글쎄. 꿈두 꾸지 마. 나 진짜 시집 안 가구 말 거야. 공갈 아냐 이거 응?

진숙   혼수라는 게 시집 수준에 어지간히는 맞춰야···

승주   (거의 악쓰듯) 글쎄, 그럴 필요 없다니까? 우리 물구나무서기 백 번 해두 그 집 못 맞춰. 황당한 짓 하지 마 제발 엄마!! (하고 제 방으로 후닥닥 들어가버린다)

진숙   ?··· (반응이 지나친 것이 걸린다)

S# 51 승주의 방

승주 (들어와 핸드백 침대에 패대기를 치고 두 손으로 얼굴 싸쥐면서 침대 옆구리에 앉는다) …

S# 52 거실

진숙 …… (혼자 앉아서) ……

(E) 전화벨.

진숙 (받는다) 네에…

연주 (F) 승주 아직두유?

진숙 어 들어왔어.

연주 (F) 뭐라 그러드래요?

진숙 글쎄에… 심상치가 않네에… (에서)

S# 53 같은 거실

형주 내외 / 연주 내외 / 진숙 / 승주.

모두 … (승주 주시하고 있다)

승수 ……

형주 말해봐 빨리.

승주 …

상훈 우리들 가족이야 처제… 장모님이 심상치가 않다 그러시면 심상찮은 거야.

승주 …

연주 애!

승주	(O.L) 내가 알아서 할 테니까 신경 쓰지 말구 잊어버려 모두.
형주	잊어버리란다구 잊어버릴 수가 없는 문제잖아 이 자식아. 신경 쓰게 하기 싫으면 왜 울구불구해. 말해 어서. 무슨 문제야.
승주	문제 될 거 없어.
연주	승주야.
승주	(O.L) 우리 예산 육천이구 그 이상은 안 된다구 다 얘기했구 양해됐어. 그럼 된 거잖어.
연주	그런데 왜 울어?
승주	엄마가 할머니 아파트 팔아 집어넣는대잖아. 그렇게까지 할 필요 없는데 그게 속상해서 그랬어. 울지두 못해?
형주	그러셨어요?
연주	엄마. (놀라서) 그걸 왜, 건 건드리지 마요.
상훈	장모님은 왜 아파트 처분까지 생각하셨는데요.
연주	저쪽 집 폼이 워낙 요란하니까 좀 모자라겠다 그랬었어.
상훈	뭐 외제차에 기죽어서?
형주	기죽을 일두 없구 맞출려구 애쓰실 거두 없어요 어머니.
진숙	그래두 하는 데까지는 해서…
승주	(O.L) 엄마 진짜 답답해. 아무리 기 써두 맞출 수 없다니까아?
연주	(올라서) 도대체 뭘 얼마나 해 오라는데 그러는 거야 너. 제대루 털어봐. 하든 못하든 좀 알기나 하자구.
승주	…
연주	으응? (답답해서)
승주	(작심 / O.L) 정일이 시계 천이백만 원 / 가구 일억 원어치 / 시

　　　　어머니 밍크코트에 쇼올이 칠천 / 시어머니 핸드백 칠백칠십
　　　　칠만 원 / 예단비 일억. 됐어?

모두　(벌어진 입을 다물지 못하고 형주만 승주 쏘아보듯/) …

상훈　아니 / … 아니 처제더러 그걸 해오라는 거야?

승주　……

수경　세에상에 미친 할머닌가봐아.

연주　가격까지 다 얘기하디?

승주　리스트 주길래 들구 나가 내가 알어봤어.

연주　(세상에) 리스트?

승주　한 바퀴 돌면서 가격 조사하구 도로 가서 나한테 꼭 그렇게 해
　　　　오라는 뜻이냐구 확인했어. 아니래. 그냥 자기 집 기준을 알어
　　　　서 하나를 해두 똘똘한 거 하라구 생각해서 일러준 건데 내가
　　　　사람 잡는다더라.

연주　뭐 그 따위가 있니. 그게 해 오라는 소리지 무슨 소리야.

승주　(O.L의 기분) 그렇게 못한다구 했어. 밍크코트 못하구 정일이
　　　　시계는 백만 원 이내루 살 거구, 가구구 전자제품이구 다 국산
　　　　으루 할 거라구. 우리 예산 안에서 힐 거라구.

형주　(O.L) 너 이 결혼 꼭 해야 해?

진숙　? … (형주 보며) 무슨 그런 말이 있어.

연주　그래 너 엎어. (단정적으로)

진숙　재우야! (야단치는)

연주　뻔할 뻔이에요. 이 결혼 엎어요. 그런 집에 애 보내는 거 아니
　　　　에요.

상훈	아니 저기 양해했다잖어.
연주	그 천박하구 쌍스런 욕심이 뭘 어떻게 양핼 해요.
수경	(O.L) 우리 집이 무슨 재벌인지 아나… 정일 씨는 뭐 하구요, 아가씨.
승주	걔 없었어요.
수경	아아 아들 없을 때 그랬구나 그러니까. 그렇겠지이.
형주	없었던 걸루 해.
진숙	어떻게 그래애애애.
형주	전 그런 집안으루 애 보내기 싫어요 어머니. 머리에 똥만 든 사람들이에요. 어머닌 그런 집안하구 인연 맺구 싶으세요?
진숙	(달랜다) 그래, 무슨 소린지는 알어. 그래두 그만두란 말은 하지 마. 그동안 사귄 정이 얼만데 그만두래. 당사자들 생각두 해 줘야지. 그렇게까지는 못해두 힘든 대루 우리가 더 애쓰구…
형주	(O.L) 최소한 사오 억은 있어야 할 거 같은데, 아무리 미친 인간들 많은 미친 세상이래두 건강한 사람들이 훨씬 많아요. 이건 망쪼예요. 있어두 해서는 안 되는 짓이에요. 절대 애쓰지 마세요. 이 일 접어요 어머니. 내가 내일 정일이 불러 얘기할 테니까 너 끝내. 알았어?
승주	아냐 오빠. 나 그냥 할 거야.
형주	? … 너 그런 집안에 시집가구 싶어?
승주	정일이두 자기 집 부끄러워해. 우리 집하구 달라서 실망 많이 할 거라구 미리 얘기했단 말야. 그리구… 나 무슨 일이 있어두 참는다구 약속했어. 뭐라 그러든 말든 내가 참구 살면 돼.

연주	하루이틀두 아니구 일 년 이 년두 아니구 혼수 못해 가 당하는 거 장난 아니라 그러든데 그걸 어떻게 참는단 거야 너.
승주	참을 거야.
형주	참을 가치가 있는 일에 참아 이 맹추야.
승주	정일이가 나한텐 그 가치 이상이야 오빠. 나 걔… 아닌 다른 사람… 상상할 수두 없어. (울음 터뜨리며)
진숙	(옆으로 딸 안아준다)
모두	… (보며)
연주	(옆으로 고개 돌리며) 기막혀… 남의 집 일 아니었네.
상훈	(중얼거리듯) 내가 그랬잖어… 하찔이라구.
승주	(엄마에게서 몸 떼면서 / 결심 새롭게 / 아무도 안 보면서) 걱정하지두 말구 엄마는 무리할 생각 꿈에두 하지 마. 나 처음 예산대루 해갖구 당당하게 들어가 당당하게 살 거야.
수경	하지만 아가씨. 혼수 때매 시어머니 고약하게 구는 거 진짜 형님 말처럼 장난 아니라는데… 내 친구는 삼 년을 꼬챙이처럼 마르더니 결국 헤어지구 나서 살찌던데…
승주	(울음 성리하며) 귀머거리 되면 돼요. 그리구 설미 나보다 더 오래 사시지는 않을 거 아니에요.
연주	스트레스 때매 니가 먼저 죽을 수두 있어 야. 욕심 많은 사람 더 오래 사는 거 몰라?
승주	암튼 / 하지 말라 소린 마. …… 정말 미안한데… 그 소린 말아 줘 모두… (하고 일어나 들어간다)
모두	…… (그대로 앉아서)

제3부

S# 1 진숙의 한복집 안

진숙   (전화 중이다) 아직 임자 안 나타났어요? … 그런데요 아저씨 우리가 좀 급하거든요? … 몇백 좀 덜 받더라두… 그렇죠? 그 생각은 저두 했어요 아저씨. 네에… 이무튼 팔기는 팔어아 하니까 특별히 신경 좀 써주세요. 아저씨한테두 섭섭잖게 해드릴게요. 네, 그럼 좋은 소식 기다릴게요. 네 안녕히 계세요. (전화 끊는데)

아줌마   그거까지 팔어 집어넣구 어쩔려구 그러세요 선생님.

진숙   뭘 어째.

아줌마   아 밤낮 걱정이시잖아요. 나중에 치매라두 걸리면 자식들 애

안 먹이구 시설 들어가신다구 하셨잖아요.

진숙   … (바느질감 만지면서) 작자가 있어두 한 달 안에 완불할 사
        람 쉽지 않을 거라네.

아줌마 돈 들구 앉아서 집 사는 사람 만나잖는 담에야 그렇죠오… 서
        민 아파트 사는 사람이 어디 그런 돈 있나요. 다 자기 살던 집
        빼서 움직이지 어디 쉬워요?

진숙   계약만 되면 민망스럽기는 하지만 한 회장님 사모님께 한번 말
        씀드려 볼까 싶은데…

연주   (O.L으로 / 문 밀고 들어 온다) 엄마.

진숙   ? 이 시간에 웬일야?

연주   잠깐 나왔어. (서둘러 올라오며) 금방 들어가야 해. 있잖우 엄
        마. (핸드백에서 봉투 하나 꺼내면서) 융자 나왔어. 엄마 아파
        트 팔까봐 우리 후배 정신 못 차리게 닦달했더니 금방 해주네?
        이천 받구 천 보태서 삼천이야.

진숙   재우야.

연주   (상관없이) 천만 원 적금 두 달 있으면 타구 곧바루 또 적금 들
        면 금방 갚아. 엄마 아파트 건드리지 마아?

아줌마 아 방금두 부동산하구 전화했는데 뭐.

연주   ? (화내는) 엄마 진짜 그거 하지 말라니까아. (전화기 집어 앞
        에 놓아주며) 지금 전화해 안 판다 그래요 빨리.

진숙   끼구 있음 뭐 해. 이럴 때 요긴하게 쓰지 뭐 하러 빚지구 그래
        애. 빚이 얼마나 무서운 건데에.

연주   우리 삼남매가 무슨 어미 파먹는 거미 형제들이유? 평생 엄마

등골 파먹구두 모자라 마지막 할머니 유산까지 거덜내게?

진숙   (웃으며) 유산은 / 남 들으면 엄청난 건 줄 알겠네.

연주   엄청나거나 말거나 엄마 맘대루 일 저질렀다간 진짜 오빠한테 혼난다아? 우리 아무두 엄마 그런 짓 하는 거 용서 못해. 그건 절대루 안 돼 엄마. 절대루. 얼른 빨리 전화 해. 내 앞에서 하라구 응? (하는데)

(E) 출입문 소리.

연주   (진숙과 함께 돌아보고) 어? 너 무슨 일야.

형주   누난 웬일이유.

연주   마침 잘 왔네. 엄마 아파트 팔려구 쪼끔 전에두 부동산하구 전화했단다.

형주   (올라서다 잠깐 멈췄다 다시 움직이는데)

연주   엄마 너밖에 무서워하는 사람 없으니까 니가 포기시켜.

형주   (앉으면서) 엄마 저 무서우세요?

진숙   무섭지 그럼.

형주   자식이 왜 무서우세요.

진숙   (웃으며) 보통 사식이래야지.

형주   그런데 왜 말 안 들으세요.

진숙   (보며) 승주가 너무 가엾잖어.

형주   승주보다 어머니가 더 가여우세요. 아세요? 아직두 여기서 허리 무릎 아프게 바느질하시면서 아직두 더 못해 안달하시는 어머니가요.

진숙   나는…

형주	(O.L) 제 얘기 들으세요 어머니. 어머니한테 입은 은혜 우리 죽는 날까지 다 못 갚아요. 즈이들 얼마나 더 힘들게 하구 싶으세요.
진숙	(쓸쓸하게 보는)
형주	그러지 마세요. 더 이상 즈이들 나쁜 자식 만들지 마세요. 이건 경우가 아니에요.
진숙	아직두 나… 어머니가 아니야?
형주	? 무슨 말씀이세요.
진숙	자식 나쁜 사람 만드는 어머니가 세상에 어디 있어.
형주	어머니.
연주	(동시에) 엄마.
진숙	(O.L의 기분) 나는… 다가 없어… 늘 부족하지… 다가 없어.
형주	어머니.
진숙	더 이상은 싫다… 금 그어놓구… 쓸쓸하잖어.
형주	… (보다가) 그런 뜻이 아니에요.
연주	(같이) 그런 말 아냐 엄마.
형주	(O.L의 기분) 어머니 그거마저 없애는 거 마음이 너무 안 좋아 그래요.
진숙	…… (보며)
형주	우리 마음두 마음이에요. 어머니 마음만 마음이 아니라구요.
진숙	알었어… 알어들어.
형주	그건 남겨요. 약속해요.
진숙	그래… 하라는 대루 할게.

형주	약속해요.
진숙	약속해.
형주	(양복 안주머니에서) 친구한테 이자 없는 돈 빌렸어요. 이천이에요.
진숙	(내밀어지는 봉투 보면서) 어쩌면 좋아. 모두 빚쟁이를 만들잖어.
형주	형제예요. 이쯤은 처음부터 생각하구 있었어요.
진숙	… (안쓰럽게 보면서)
형주	저는 정말 이런 결혼 안 시키구 싶지만… 승주가 하겠다 그러구 또 어머니가 말리시니까 눈 감구 모르는 척해요.
진숙	그래… 보내야지 어떡해.
형주	그리구… (해놓고 사이 두었다가 어머니 무릎에 한 손 올리며) 어머니.
진숙	… (보며)
형주	제 말 서운하게 생각하지 마세요. 저요… 이 세상 어머니를 전부 다 준대두 우리 어머니 안 바꿔요.
진숙	… (보며)
연주	(안 보는 채) 건 좀 웃긴다. 자기 어머니 바꾼다구 내놓는 자식이 어딨니.
형주	알아주세요 네?
진숙	… (아들 손 두 손으로 잡으며 손 내려다보며) …… 우리… (간신히) 훌륭한 사람이… 내가 복두 많지… (여자 돌아보며)
아줌마	(눈 아래 찍어내며) 어이 부동산에 취소한다는 전화나 하세요.

연주   내가 하께 엄마. (에서)

S# 2 어느 호텔 헬스 휴게실

복희   (음료 마시면서) 혼수가 무슨 소용 있니 혼수가아. 사람이 잘
      들어와야지 혼수 능르지게 해 갖구 와봤자 인간 안 된 며느
      리면 그거 뭐에 쓰니. 아무 짝에두 못 써 그거.

친구1 안여사는 그런 소리 못하지이. 큰며느리 볼 때 얼마나 뻑적지
      근하게 챙겼는데 그런 소릴 해.

친구2 그러게 말이다. 시어머니 자동차에 보석에 밍크에 예단비 큰
      거 한 장에 그렇게까지 받은 사람 여기 아무두 없네.

복희   그거야 어거지루 갖다 앵기는 걸 어떡해애. 추하다 추하다 며
      느리 보면서 한밑천 잡을려구 드는 거보다 더 추한 게 어딨어.
      나는 정말 그런 욕심은 없는 사람이야아.

친구1·2 깔깔깔깔.

친구1 욕심 없네그래. 욕심 없어. 이건 증말 안 할 소리지만 안여사
      며느리 볼 때 사둔네가 학을 뗐다는 소문 돌았었어어. 신랑네
      요구가 너무 허벅져서.

복희   이게 무슨 까마귀 트림하는 소리야아? 어우 기막혀. 어우 심장
      이야. 아니 김여사, 그 소리 어디서 들었어? 누가 그래. 누가 그
      래 내가 그냥 아가리를 찢어놓구 말 거야. 대 대. 누구야 그게
      누구냐구.

친구1 듣긴 들었는데 늙어서 까먹었어요. (약 올리듯)

복희   김여사!!!

친구1	아이구 귀 따가워. 배잖은 애 떨어지겠다. 아니면 그만이지 뭐 그렇게 열불을 내구 그래애?
복희	내내내내내내내가 / … 우리 우리…
친구2	왜 이렇게 더듬어 진정해 안여사.
복희	우리 정일이 장가가는데 어떻게 하는지 알어들? 여자애가 한 복집 하는 과부 딸이래. 겨우 밥먹구 사는 집 딸이라 내가 아무 것두 필요 없다, 신경 쓰지 말구 우리 내외 한복 한 벌씩만 해 다우. 마흔다섯 평짜리 아파트 싸악 수리해 들여보내면서 내 가 그런 사람이야. 그저 니들 잘 살면 되는 거지 우리가 물질에 노예는 되지 말자. 모자란 건 내가 채워준다 걱정두 하지 마라. 내가 그런 사람이야아 왜 이래 왜!!
친구2	챙피해. 소리 좀 지르지 마아.
복희	내가 돈 안 꿔줬다구 이러지 지금. 돈 안 꿔줬다구 앙심 먹구 지금 부러 사람 복장 지르는 거지.
친구1	나 원 살다 살다 별 치사한 소리 다 듣겠네. 그 집 돈 아니라두 돈 많어. 우리 아들이 막었어 걱정 마.
복희	부도가 오늘'벌 오늘벌이라더라. 김여사 같으면 그런 집에 돈 내 놓겠어?
친구1	무식한 건 못 말린다더니 정말… 길게 상종 못하겠군. (하며 일 어난다)
복희	뭐야? 뭐 뭐 뭐라구?
친구2	안여사가 심했어. (역시 일어나 아웃된다)
복희	…… (입 벌리고)

S# 3 호텔 로비

복희　　(특징 있는 걸음으로 있는 대로 올라서 로비 가로질러 현관으로)

S# 4 현관 앞

종업원　(제 일 보다가 복희 나오자) 벌써 가십니까 사모님?

복희　　아, 차나 빨리 불러요!

종업원　네 사모님. (그런 일에 익숙하다)

S# 5 호텔 빠져나가는 복희의 자동차 안

복희　　(핸드폰 찍고 있다)

　　　　　(F) 벨 가는 소리.

정일　　(F) 네 엄마.

복희　　너 지금 걔랑 같이 있니?

정일　　(F) 네.

복희　　(가로채듯) 바꿔.

정일　　(F) 왜 그러시는데요.

복희　　바꾸라면 바꿔 빨리.

S# 6 가구점

정일　　(전화 들고 돌아보는)

승주　　(저쪽에서 가구점 사람 상대로) 예산이 안 맞어서 그래요 사장
　　　　　님. 십 퍼센트만 더 해주시면 평생 은인으루 알게요. 네?

사장　　더 이상은 안 됩니다 정말. 해드릴 수 있는 거 같으면… (하는데)

정일   (O.L) 저기 죄송한데요. (두 사람 쪽으로 움직이며) 잠깐만 /
       승주야 전화 먼저 받아야겠는데?

승주   ? 나?

정일   바꾸라셔.

승주   (불안한 채 정일 쪽으로 움직이며) 왜애?

정일   몰라. (전화 건네어지고)

승주   네에 승주예요 어머니.

복희   (F) 느이들 지금 어디 있는 거니.

승주   가구점인데요.

복희   (F) 가구점두 나름이야. 무슨 가구점에 있냐 말야.

승주   여기… (잠깐 침대 쪽에 있는 사장과 정일 쪽 돌아보며)

S# 7 차 안

복희   (듣다가) 기어이 니 맘대루 한단 말이지 그러니까… 아 장두
       안 사구 붙박이 쓰면 되는데 무슨 돈이 그렇게 엄청 든다구 그
       래. 하나를 사두 똘똘한 거 사란 말야 내 말은.

S# 8 가구점

복희   (F) 물건 같지두 않은 거 끌어들여 사람 열통 터지게 하지 말
       구 청담동으루 가.

승주   …

복희   (F) 왜 대답이 없어. … 얘.

승주   그럼 침대 하나만 사면 끝이에요 어머니.

복희   (F) 그거만 사구 말어 그럼.

정일   (어느새 앞에 와서) 왜 그래.

승주   … (전화 막고) 아냐.

복희   (F) 그거만 사구 말라구.

승주   네 알겠습니다.

복희   (F) 너 행여 내가 혼수 많이 해 오랬단 소리 지껄이지 말어. 나 그런 적 없으니까. (하고 툭 끊는)

승주   (전화 접는다)

정일   뭐라시는 거야.

승주   우리… (O.L / 조금 웃으며) 침대 하나만 달랑 들여놓구 딴 거 아무것두 없이 그러구 살아두 될까?

정일   (보다가) … 엄마 외제 가구 사라시니? (찡그리며)

승주   하나를 사두 똘똘한 거 사라구.

정일   (싫어서 O.L) 필요 없어. 그냥 우리 마음대루 해. 여기 꺼 값두 좋구 맘에 들어. 계약하자. (하고 승주 잡아 주인 쪽으로 끌려 하는데)

승주   (끌려가며) 침대 없이 방바닥에서 자면 어떨까. 우리 엄마 이부자리 잘 만들어주실 텐데.

정일   그것두 좋아 그래 우리가 언제부터 침대냐. 침대 우리 문화 아냐. 침대두 사지 말자 그래. (웃으며)

S# 9 할인백화점 가전제품 코너

정일   두 식구에 이렇게 클 필요 어딨어? 냉장고 커봤자 전기료만 많

이 나오구 야 김치는 따루 김치냉장고 쓴다면서 작은 걸루 해. 이거 너무 커. (오백짜리 용량 앞에서)

승주 아냐, 엄마가 냉장고는 이 정도루 하랬어. 요즘 다 절전용이라 전기료두 얼마 안 나오구 쓰다보면 적은 게 냉장고래.

점원 네 맞습니다. 요즘 투 도어두 안 찾구 전부 다 캐비넷 찾는 추셉니다. 실례지만 몇 평짜리에 들어갈 물건이지요?

승주 네, 마흔다섯.

점원 아이구, 그럼 캐비넷식 하세요. 집에 맞추십쇼. 마흔다섯 평이면…

승주 아니에요, 이 정도면 훌륭해요. 그런데 소음은 어떤가요.

점원 아이 요즘 냉장고 소음 걱정하실 거 없습니다. 아주 조요옹해요.

승주 이걸루 결정하죠.

점원 예, 그러세요 그럼.

정일 (O.L) 야 이제 디브이디 보자 디브이디.

점원 아, 이리 오십시오.

정일 (움직이며) 디브이디랑 티비는 내가 사께.

승주 ? 왜애?

정일 너 말 안 들으면 좋은 영화 너 안 보여주구 나 혼자 볼려구.

승주 좋은 영화가 뭔데?

정일 (귀에 대고 속삭이는)

승주 (정일 때리며 웃는다)

S# 10 근처 커피숍

승주   (커피잔 들고) 쇼핑 따라다니기 지겹지.

정일   남자의 숙명 아니겠니?

승주   깔깔… 무슨 숙명씩이나.

정일   이제 뭐가 남았지? 가구랑 전자제품이면 다 된 거 아냐?

승주   가만 우리 빼논 거 없지. (리스트 주머니에서 꺼내보는데 볼펜으로 그은 목록이 줄느런히 입으로만 달싹거리며 점검하고 나서) 빼논 거 없어. 침대 이불두 엄마가 만들어놨구. 이제 자질구레한 거 목욕용품이랑 칼, 도마, 그릇 뭐 그런 거만 사면 돼. (하다가) 어머, 빼먹었다.

정일   뭔데?

승주   전기포트. 언니가 그건 꼭 사래. 커피 먹구 라면 먹을 때마다 물 끓이는 거 번거롭다구. 그거 있으면 아차 실수해서 국이 소태처럼 짜다? 그럴 때 끓는 물 한 컵 부면 간단히 해결돼서 아주 좋다나?

정일   근데 왜 빼놨어.

승주   집에서 막 나오는데 전화 왔었거든. 적는다 그러구 까먹었어. (볼펜 꺼내 적으면서)

정일   그럼 마트 다시 가야 해?

승주   관둬. 내일 점심시간에 잠깐 나 혼자 사께.

정일   월차 아주 알뜰하게 쓴다. 오늘 일 많이 했다 우리.

승주   어, 너 가봉두 하구 시계두 사구 웨딩드레스두 고르구 많이 했어. 근데 시계 존 거 못해줘 미안해.

정일	야, 시간만 맞으면 됐지 시겐 좋아서 뭐 하니. 난 남자 뭐다 하
	는 시계 차구 있는 거 멍청이 같더라. 우리 형 말야. 보석 시계
	차구 다니잖아. 무슨 야쿠자냐 조폭이냐… 그걸 좋다구 차구
	다니더라아? 취미두 각각야 참.
승주	예물 받은 거야?
정일	(잠깐 보고) 그럴걸?
승주	안 부러워?
정일	그게 뭐가 부러워. 그렇게 결혼했으면 뭐 해.
승주	왜애?
정일	중매였거든. 몰라… 서루 잘 안 맞는 거 같아… 형 혼자 허허거
	리지 형수는 늘 딴생각 하는 사람 같더라. 안 그래 보이디?
승주	글쎄… 몰라.
정일	아 잠깐. (하고 주머니에서 봉투 꺼내 내놓는다) 이거 (웃으며)
	십만원 남겨놓구 다 털었어. 세뱃돈부터 모은 건데두 얼마 안
	되더라. 중간중간 컴퓨터 바꾸구 카메라 사구 오디오 사구…
	생각해보니까 쓸데없는 돈두 많이 썼더라구. 미안하다… 마음
	은 많이많이 주구 싶은데 용서해주라.
승주	(보며)
정일	집어너.
승주	(봉투 집어 아구리 열어보며) 얼만데?
정일	구백칠십.
승주	천만 원이네?
정일	삼십 모자라.

승주	십만 원 남겨놓구 어떡할려구?
정일	니가 책임져야지 뭐. 일 년 정도는 나 월급두 없을 거야. 개발하는 동안은 황이거든. 나 밥은 먹여줄 거지?
승주	깔깔… 그러니까 이거 밥값 선불이구나.
정일	그런 셈이지. 후후.
승주	좋아. 먹여주께.
정일	은행 그만두구 싶으면 그만둬. 생활비 주실 거야.
승주	…… (보다가) 싫은데?
정일	싫어?
승주	우리 몇 살야. 내가 버께. 우리가 해결하자.
정일	미안해서 그러지.
승주	그 대신 조금씩 도와주시는 건 사양 안 해. 좋지 뭐어. 흐흐훗. (코 위로 말아 올리며)
정일	야, 그게 무슨 얼굴야. 하하하하. (에서)

S# 11 복희의 집 전경 / 저녁때

들어서고 있는 정일과 승주.

정일	아버지 승주 왔어요.
나사장	(퍼팅 연습하다 그만두며) 어 그래 어서 와라.
승주	(목례 공손하게)
나사장	하하 그래. 오랜만이다. 잘 지냈냐?
승주	네 아버님.
나사장	(아들에게 속살거리는 / 안방 턱짓하며) 니 엄마 기분이 별루

	야. 뭣 때매 심사가 뒤틀려졌는지 다 죽인다 다 죽여. (하는데)
복희	(퍽 문 열며 나온다) 사장이라는 작자가 물색없으면 관리소장이 제대루든지 임대료 하나 정확하게 못 받아내면서 뭐 하는 인간들야 전부 다.
정균	(따라 나오면서) 두 달 연체쯤은 다 보통이에요 엄마. 석 달 밀린 집 두 군데밖에 없는데, 토탈 사십일곱 집 중에 두 달 연체가 열 집이구 석 달이 두 집이면 성적 좋은 건데…
복희	(O.L) 사장이라는 작자가 그렇게 두 달은 보통이다 그러구 있으니까 관리소장두 우리 집을 물렁 팥죽으루 보구 게름 피는 거란 말야.
정균	세입자한테 너어무 야박하게 굴어서 욕먹으면요 엄마 재수가 없어요오.
복희	잔말 말구 관리소장 짤라.
정균	? 건 안돼요. 빌딩 관리 그만한 사람 없어요.
복희	너 도대체 골프를 일주일에… (삿대질하며 아들에게 돌아서는데)
나사장	(O.L / 아내 팔 잡으며) 그만하세요 회장님. 승주 왔어요 그만하세요.
복희	… (식닥거리며 보다가) 내 맘에 드는 사람 하나두 없어 하나두.
나사장	회장님 마음에 드실 사람이 어딨겠습니까. 그저 우리 다 못난 이들인 줄 알구 사니까 앉으세요. 앉으시지요.
복희	(홱 뿌리치며) 왜 이기죽거려요. 불난 데 부채질해요?
나사장	이제 그만 좀 해. 원 사람이 체면이 있어야지, 이건 어떻게 된

게 노대기야 노대기.

복희   (앉다가) 뭐야?

정균   알았어요, 엄마. 이제부터 정신 바싹 차리구 골프두 안 나가구 스물네 시간 챙길 테니까 걱정 마세요.

복희   (째려보고)

정균   (모르는 척) 앉어라. 앉으세요 별일 아니에요 앉으세요. (하는데)

복희   앉긴 어딜 앉어. 저녁 준비 중인데 부엌에 들어가봐.

승주   네.

정일   승주가 들어가서 지금 뭐 해요.

복희   할 일 없으면 서 있기라두 하는 거야. 손위 동서 일하구 있잖아. 시집은 그런 거야. (에서)

S# 12 복희네 주방

저녁 먹는 중.

정일   우리나라 전자제품이 얼마나 좋은데요. 다 우리 껄루 했어요.

정아   나는 국산 안 해 엄마.

복희   누가 너 그렇게 보낸대? 쓸데없는 못은 박아 왜.

정아   어우, 엄마 무서워 죽겠어. 왜 그래애.

복희   너 시에미 말을 뻘루 듣는 애구나.

승주   (보며) …

복희   내가 무슨 외제병 든 사람으루 보여?

정일   엄마.

복희   너 그 가구 말이다, 그건 대를 물려두 되는 거야. 살 때 부담돼

두 사노면 물건이 물건 같구 멋있구 품위 있구…

정일　쓰는 데 편하면 되지 뭐 하러 부담까지 느껴가면서 그래요.

복희　격이 다르단 말야 이눔아.

정일　물건이 사람 격을 결정하는 거 아니에요. 물건은 물건일 뿐이
에요. 우리 다 좋아요 불만 하나두 없어요.

복희　내 친구들 혼수 본다구 있는 대루 몰려올 텐데… (남아 있다)

정일　(O.L) 그만하세요.

나사장　밥 먹어 밥. 니 엄마 친구들한테 광내구 자랑하구 싶은데 그거
못해서 이런다. 큰애 때 광냈으면 됐어. 됐어어.

복희　말을 해두 꼭. 그러니까 혼인은 비슷한 집안끼리 해야 하는…

정일　(O.L) 엄마. (나직하지만 단호하게)

복희　? 이 자식아 왜 말허릴 잘라. 말두 못해?

정일　더 이상 하지 마세요.

나사장　더 이상 하지 마.

정균　넘어가세요. 잘해 오면야 물론 좋지만 형편이라는 게 있으니까
어쩔 수 없죠 뭐.

복희　어쩔 수 없는 것두 글쎄 이지간헤야지이.

정일　승주가 맨몸으루 와요? 할 거 다해요. 빠진 거 없이 다해요.

복희　빠진 거 없이? (같잖다) 내 밍크코트두 못한다는데 빠진 거
없이?

정일　엄마 있잖아요.

정아　검정으루?

복희　그래.

정아	으응, 엄마 검정이 옛날 거라 좀 후지거든.
정일	(불끈 일어나며 승주 잡아 일으킨다)
승주	? (왜애 하는 얼굴)
정일	나와 나가자. 일어나. 일어나 빨리. (일으켜세우며)
정균	정일아 야.
정일	엄마 이러지 않기루 약속하지 않으셨어요?
복희	(안 보는채) 그래서 그냥 받아 그래.
나사장	앉어 앉어라. 니 엄마 관상 보니까 다했어. 앉으라구. 밥 먹자.
정아	오빠 너무 편든다. 엄마 열나지이이이.
정일	… (그냥 엄마 보며)
혜수	앉으세요.
정일	(휙 승주 손 잡아끌고 나간다)
	(E) 현관문 여닫기는 소리.
나사장	거참 사람이… 쯔쯔쯔쯔. 어차피 시키기루 한 거 기분 좋게…
복희	기분이 좋아야 말이지. 거지새끼 데려오면서 어떻게 기분이 좋아.
정균	어이 엄마, 건 너무 심해요오.

S# 13 정원

정일	(두 손으로 얼굴 싸쥐고 서 있고)
승주	(가만히 보며) … 뭐 해. 울어?
정일	…
승주	응?

정일	…
승주	(팔 잡아 내리면서) 뭐 하는 거냐니까아?
정일	(팔 끌어내려지면서 안으며) … 미안해.
승주	괜찮아. 나 각오 돼 있어.
정일	내 엄마 아니라구 할 수두 없구… 니 앞에 얼굴을 못 들겠다 정말. 나 어떡하지?
승주	그럼 안 되지이… 나 니 얼굴 보는 거 좋아하는데 가마만 보구 살라구?

잠시 그대로 두었다가.

S# 14 승주의 방

승주	(옷 갈아입으며 명랑하게) 가구 결정 다했구우? 전자제품 하나만 빼구 다 찍어서 계약금 걸었구우? 정일이 시계 샀구? 웨딩드레스 결정 봤구우? 정일이 양복 가봉 했구우? 또 뭐 했더라 으으응…
진숙	하나는 뭐 뺐어? (승주가 벗어내는 옷 장에 걸며)
승주	어 선기포트. 인니가 그거 꼭 사라구 전화했더라. 깜빡하구 빼먹었어. 내 꺼 사는 김에 집에 꺼두 하나 사께.
진숙	집에 꺼 뭐 필요 없어.
수경	(E) 어머니 차 다 됐는데요오.
진숙	그래 나갈께에. 그래서 사부인은?
승주	? … 뭐어?
진숙	뭐라구 안 하셔?

승주	마땅치야 않으시겠지만, 처음부터 확실히 해놨는데 머/별 내색은 안 하시던데?
진숙	다행이다…
승주	걱정했수?
진숙	마음 다칠까봐.
승주	아니 그런 거 없었어. 나갑시다. (앞서며)
진숙	(가볍게 잡으며) 저기 잠깐.
승주	? 왜애?
진숙	오늘 언니랑 오빠가… 가게 왔었는데… 나 아파트 못 팔게 할려구 돈들 만들어 갖구 들렀더라구.
승주	(보며) …
진숙	적은 액수가 아냐. 합쳐서 오천인데…
승주	(입이 빼끔 벌어진다)
진숙	밍크코트를 하는 게 날까, 아니면 예단비루 넣는 게 날까.
승주	엄마 돌았수? 우리까지 돌자구? 우린 정신 제대루 붙잡구 살자구. 월급쟁이들이 어떡할려구 몇천씩 빚져 놓는대? 기막혀 죽겠네. 당장 도루 갚으라구 해. 나 그거 안 써 엄마.
진숙	그렇지만…
승주	(O.L) 그렇게까지 하면서 안 해 글쎄. 오기가 나서두 안 해. 그거 하면 우리두 다 같이 형편없는 속물 되는 거야. 언니 오빠두 진짜 웃기네에? 말만 멋있게 하구 내막은 똑같은 속물 아냐?
진숙	속물이라 그런 게 아니라 우리 승주 시집살이…

| 승주 | 아 글쎄, 내 시집살이 걱정 말라니까? 싹 무시해버리면 돼. 싹 무시하구 정일이하구만 알콩달콩 살면 돼. 우리는 뜻이 기가 막히게 잘 맞거든. 해해해… (엄마 팔 끼고 움직이며) |

S# 15 마루

승주	(나오면서) 오빠가 늦네요?
수경	골치 아픈 사건 맡아서 정신없대요.
승주	약발 받나부다 언니 얼굴 좀 나지지 않았수?
진숙	어지럽다 소리두 좀 덜하는 거 같어.
승주	됐네. 약 열심히 먹구 빨리 조카 애기 낳아야지이. 내가 먼저 나면 섭하지 않겠수?
수경	어머니께 죄송하지 섭할 건 없죠오. (차 따르며)
진숙	죄송할 거두 없어. 생기는 대루 낳는 거지 바란다구 되는 일야? (E) 전화벨.
진숙	내 받을게… 네에…
복희	(F) 승주 들어왔나요?
진숙	아이구, 네 안녕하십니까 사부인. 편안하시구요.
승주·수경	? (돌아보는데)
복희	(F) 좀 바꾸세요.
진숙	(잠깐 언짢으면서) 네 잠깐만 기다리세요. 바꿔드리겠습니다.
승주	(전화 받는다) 네에, 저예요 어머님.
복희	(F) 우리 집 한복값이 합계가 팔백이란다. 내일 정일이 편에 보내라.

승주   네, 알겠습니다.

복희   (F) 그리구 다른 거 하나두 안 하는 대신 정일이 차나 바꿔줘.

승주   ? (무슨 말인가 하려는데)

        (F) 툭 끊기는 전화.

승주   …… (끊긴 전화 들고)…

두 여자 (눈치 살피는)

승주   (전화기 놓으며) 한복값이… 팔백이라네..

수경   히익, 무슨 옷값이 그렇게 비싸요?

승주   내일 정일이 편에 보내라구.

진숙   그러지 뭐.

승주   (전화기 놓으며) 엄마 나 화장실 좀. (하고 일어나 들어간다)

두 여자 (승주 보고)

S# 16 승주의 방

승주   (들어와 다이얼 돌려놓고)

        (F) 벨 가는 소리.

승주   (방바닥에 앉는다) …

S# 17 복희의 침실

복희   (눕다가) 누구야, 교양 없이 이 시간에… (받는다) 네에…

승주   (F) 저예요 어머니.

복희   그래 왜.

S# 18 승주의 방

승주   (밖에서 들을까 소리 죽여) 저 정일이 차 바꿔줄 예산 없는데
　　　요, 어머니.

복희   (F) 얘가 아주 빤빤스런 게 보통이 아니구나.

S# 19 복희의 방

복희   (아예 일어나 앉으며) 이것두 못한다 저것두 못한다 아예 날루
　　　먹을래? 날루 먹을 거야? 정일이가 얼마짜린데 공짜루 집어먹
　　　겠다는 거야 너.

S# 20 승주의 방

승주   전 정일이가 돈으루 얼마짜린지 계산해본 적 없어요. 아무튼
　　　자동차 바꿔줄 예산 없습니다. 죄송합니다.

복희   (F) 너 벽창호니?

승주   죄송합니다.

복희   (F) 어유, 참 기가 차서… (하고 퍽 끊어지는 전화)

승주   (전화기 놓으며 한숨 섞어) 저는 더 칠 기두 없습니다, 아주머
　　　니. (하고 일어나 나가려 보면)

진숙   (보고 있다)

승주   ? … (화내는) 엄마 왜 안 하던 짓 해애.

진숙   … (시선 내리는)

승주   들었어?

진숙   못 들었어… (하고 나간다)

승주   (속상하고 김새서 고개 옆 위로 틀면서) ……

     (F.O)

S# 21 은행 안

승주   (만 원짜리 지전 기계에 넣어 세면서) 네… 거의 다 됐어요.

남자고객   나한테두 청첩장 보내요.

승주   (다발 묶어 옆에 놓고 다른 다발 기계에 넣으면서 그냥 웃는다)

고객   웃지 말구 꼭 보내라구. 나는 못 가지만 우리 집사람이라두 인
     사 차리라구 할 테니까.

승주   네에, 말씀만으루두 감사합니다.

S# 22 시내 어느 찻집

정일   ? 차… 자동차 말씀이세요?

진숙   그래.

정일   차를 왜요.

진숙   아무거두 제대루 못해줘서 그냥 차 한 대루 때울려구 그래.

정일   무슨 말씀이세요 어머니. 저 차 있어요. 차 필요 없어요. 승주가
     뭐라 그래요? 지프차가 불편하대요?

진숙   아니 그게 아니라…

정일   (O.L) 잠깐요 어머니. 우리 엄마한테서 나온 소리 아니에요?

진숙   아냐 아냐, 그건 아니구… 그냥 내가 생각해보니까 이거저거
     다… 눈에 안 차시게 해보내는 게 미안스러워서…

정일   (O.L) 승주 통해서 들으셨어요?

진숙	… (그저 보며)
정일	승주 저한테 아무 소리 안 해요. 승주가 그래요?
진숙	아니야.
정일	그럼요.
진숙	그냥 내가 생각해보니까…
정일	그럼 직접 요구하셨어요?
진숙	… (보며)
정일	네?
진숙	(시선 내리면서) 승주한테… 전화를 하셨더라구.
정일	(고개 푸욱 꺾으며 O.L의 기분) 죄송합니다. 뵐 낯이 없습니다.
진숙	… (그냥 보며)
정일	자식으로 할 소리는 아니지만 즈이 엄마… 어머님하구는 다르세요. (고개 숙인 채) 제가 대신 사죄드리겠습니다. 못 들으신 걸로 하고 잊어버려주세요.
진숙	(씁쓸하게) 들었는데 못 들은 게… 어떻게 그래. 그거조차 못 들은 척하는 거 예의두 아니구 또… 우리 애가 얼마나 힘이 들겠어. 그러니까 자동차는…
정일	(보며) 그럴 필요 없어요 어머니. 우리 엄마 욕심은 뭘루두 못 채워요. 제가 왜 결혼하자 소리를 못하구 미적거렸는데요. 이런 일 벌어질 거 너무 뻔해서… 한동안은 승주를 포기할까두 했었는데… 포기가 안 됐어요. 걱정 끼쳐 죄송해요 어머니. 승주 힘들게 하실 거 뻔한 일이에요. 그건 제가 막습니다. 막다 안 막아지면 집하구 의절을 하구라두 제가 보호할 테니까 너무

염려 마세요.

진숙   그런 일이 있어서야 되나아. (보며)

정일   승주가 의외루 씩씩해요. 고마워 죽겠어요 어머니.

진숙   (끄덕이며) 그래, 지금이야 아직 멋 모르구 씩씩할 거야… (쓴 웃음) 그렇게 녹록하지가 않을 텐데… 내가 밤잠을 못 자.

정일   죄송합니다…

진숙   (끄덕이면서) 외제차는 비싸지?

정일   제가 그거 받을 거 같아요 어머니?

진숙   … (보며)

정일   저 그렇게 보세요?

진숙   … (보며)

S# 23 은행 뒤편 주차장

승주   (나온다)

정일   (저편에서 담배 태우며 기다리고 있고) …

       (E) 핸드폰 벨.

정일   (전화 열고 발신자번호 보고 이내) 저 지금 엄마랑 얘기하고 싶지 않아요. (하고 끊고 이내 전원 꺼버린다)

S# 24 어느 고급 한복집 앞에 대어져 있는 자동차 안

복희   (전화기 들고) 이 녀석이? (리다이얼 돌리면)

녹음   전화기가 꺼져 있어…

복희   (F) (에서 전화 퍽 닫으면서 독이 오른다) … (곰곰이 생각하

는) … (전화기 다시 열고 버튼 누른다 / 114입니다. 터치 틀리
지 않도록) 네, 반포에 있는… (에서)

S# 25 은행 주차장

승주   (다가가서 옆에서) 아직 안 끊었니?

정일   (모르고 있다가 돌아보고 자동차문 열고 재떨이에 끄면서) 끊
고 있는 중이야.

승주   미팅 가야 한다면서 뭐가 되기는 되구 있는 거니?

정일   우리 엄마가 내 자동차 사내라구 전화했다면서?

승주   ? 어떻게 알았어?

정일   그게 언제야.

승주   으응. 지난주 금요일 나 월차 받은 날 / 딱 일주일이네? 어머님
한테 들었어? 그런데 시침 뚝 떼구 있어서 약 오르구 있는 중
야? (팔 건드리며)

정일   농담할 기분 아냐. 그런 말 왜 안 해.

승주   해서 뭐 해. 또 엄마랑 쌈이나 붙게?

정일   니 엄마 만나자 그러시더니 사동차 보자 그러시는데/나 어땠
을 거 같니.

승주   우리 엄마? 우리 엄마두 두나부다. 웬 자동차?

정일   정말… (안 보는 채) 죽구 싶더라.

승주   … (보다가) 그래서 샀어? 뭘루 샀어? (장난)

정일   (화나서) 너 지금 뭐 하는 거야. 펄펄 뛰겠는데! (정말 화낸다)

승주   ? … (해서 보다가) 소리는 왜 질르니 / 너만 펄펄 뛰겠는 줄

알어? 울 엄마 일주일 동안 고민하다가 나두 모르게 너 불러내 자동차 사자 그랬다는데 / 나 속 안 상해? 도대체 니 집은 왜 그 모양이니. 누구한테 말두 못해. 내가 꾸며낸 얘기라 그럴까봐.

정일　그래, 우리 집 그렇다 그랬잖아.

승주　그게 무슨 자랑이냐구. 왜 성질은 펴.

정일　왜 성질 피는지 뻔히 알면서 너 마주 악쓰는 거야?

승주　니가 악쓰니까 그렇지.

정일　미안하다는 말 하러 온 건데 그것두 못 받아줘?

승주　그래 나두 미안해. 우리 집 가난해서 미안해. 가난한 주제에 너 같은 왕자님하구 결혼한다 그래서 미안해. (울컥해지며) 내 맘이 지금 맘인 줄 아니? 웃구 떠드니까 아무렇지두 않은 줄 알어? 나 아메반 줄 알어? 멀쩡한 식구들 등신 만들어가면서 내가 이게 뭐 하는 짓인가 나두 미칠 거 같단 말야!

정일　(그냥 안아버린다)

승주　(밀어내며) 아저씨들 봐. (경비와 주차요원)

정일　(밀려나며) 이건 완전히 자전거루 받구 덤프트럭으루 받혔다.

승주　왜 건드려 그러니까. (눈물 닦으면서) 누가 건드리래?

정일　(주머니에서 손수건 꺼내주면서) …

승주　(받아서 눈물 닦으며) 가. 나 들어가 코 풀어야 해.

정일　거기다 풀어.

승주　싫어. (하고 돌아선다)

정일　(은행으로 들어가는 승주 보며) …

　　　승주 모습 사라지고.

정일   (맥 떨어져 자동차문 열고 오른다)

S# 26 한복집 안

진숙   (초밥 도시락 먹고 난 뒤처리 하는 연주 보면서 뜨거운 김 나
       는 컵 들고) 재우 덕분에 호강했네. 잘 먹었어. 고마워.

연주   엄마 잘 먹어서 나두 고마워. 이 집 초밥이 괜찮더라구 글쎄.
       언제 우리 집 남자들두 한번 데리구 나와 멕여줘야지.

진숙   승주 보내놓구 그 집이랑 우리 집 식구 한번 가서 먹자구. 내가
       사께.

아줌마   이리 줘, 내 치우께.

연주   아니에요 제가 해요.

아줌마   아이구, 선생님은 그냥 앉어 있어. 내가 하께.

연주   (일어나며) 차 드세요. 저 화장실 볼일두 있구 커피두 마시구
       싶구 제가 하께요. 커피 생각 안 나우?

진숙   나는 됐는데? (올려다보며)

연주   (움직이며) 나 또 변비야. 죽겠어 진짜.

신숙   쯔쯔쯔. 승주 때메 신경 써 그렇지 뭐.

연주   고질인데 승주 탓은? (하며 아웃되는데)

       (E) 전화벨.

아줌마   제가 받으께요. (받는다) 네, 여보세요? … 예 그런데요. … 네
       에… 지금 어디 계신데요? … 아이구 그럼 다 오셨네요. (진숙
       은 무심하게 여자 보고) 거기서… (하는데 툭 끊어지는 전화)
       ? 여보세요? … (전화기 놓으면서) 핸드폰 이래서 질색이더라.

새 손님 오시나본데요?

진숙 급한 일이면 못하는데…

아줌마 성질 보니까 급하겠어요. 승주 꺼에 밀린 일에 급한 일은 못해요. 괜히 맘 약해서 덜커덕 맡지 마세요. 골 빠져요.

진숙 (물 마시면서) 골이 빠져두 지금은 해내질 못해. 누울 자리가 있어야 다릴 뻗지. (하는데)

(E) 출입문 소리.

진숙 (여자와 함께 돌아보고) ?

아줌마 (진숙과 상관없이) 어서 오세요. 금방 오셨네요?

진숙 (일어서며) 아이구 이게… 아니 사부인께서 여기까지 웬일루…

복희 (O.L) 좀 긴히 나눌 얘기가 있어서 왔어요. 찾기는 쉽네요.

진숙 네에, 어서 올라오세요. 아유, 어떡하나 방금 점심을 먹어서 음식 냄새가 날 텐데… 어디 밖으루 나가실까요?

복희 아닌 게 아니라 좀 그렇긴 하네요.

진숙 네 나가시죠. 나가서…

복희 (O.L / 올라서면서) 아니 그냥 여기서 하죠…

진숙 …… (어정쩡하니 보며) 네… 그럼…

복희 (핸드백 먼저 내려놓고 방석 내는 여자에게) 둘이서만 할 얘기니까 좀 피해줘요.

아줌마 ? (두 여자 번갈아 보는)

진숙 그렇게 해요.

아줌마 그러지요 그럼.

진숙 가게문 좀 잠가주구요.

아줌마	? … (했다가) 네. (하고 자기 가방에서 열쇠 꺼내 들고 나간다) …
진숙	앉으세요.
복희	(앉는다)
진숙	(가게문 쪽 보면서 앉는다) …
복희	… (바닥 보며)
진숙	… (차분히 보다가) 말씀하시지요.
복희	(탁 고개 들어 보면서) 방금 / 한 이십 분 전에 내가 놀라자빠질 얘기를 들었어요.
진숙	… 무슨… 얘길… (하다가 알 것도 같다)
복희	후취라면서요.
진숙	… 네, 그렇습니다.
복희	본처 간병인으루 들어갔다가 본처 죽구 들어앉았다는 게 맞어요?
진숙	간병인 겸 애들 가정교사루… 삼 년 있었어요.
복희	학교는 어디까지 다녔수? (깔보는)
진숙	… (잠깐 싱했다기) 간호대학 졸업했죠.
복희	대학까지 나와 왜 병원 근무 안 하구…
진숙	(O.L의 기분) 결혼에 실패하구 쉬구 있을 때였어요.
복희	사람들은 부인 명 재촉한 게 댁이라구 하던데…
진숙	… (똑바로 보다가) 그런 일 없습니다. 장례 모시구 이내 나와서 만 이 년을 소식없이 지내다가…
연주	(나오면서) 그럴 거 없어요 엄마. 엄마 무슨 죄진 거 있다구 일

일이 대답해요.

복희   (입 뻐끔 벌리고 보고)

연주   저 승주 언니니까 상관 말구 하구 싶은 말씀 하세요. 그러니까 알구 싶으신 게 뭐죠 사둔어른?

복희   계몬 줄은 전혀 까맣게 모르구 있었기 때문에…

연주   정일이는 아는 사실인데요.

복희   그 녀석은 내논 놈이구 / 아니 이렇게 중대한 문제를 어떻게 감추구 넘어갈 생각을…

연주   (O.L) 잠깐요. 우리 감출려구 해서 감춘 거 아니에요. 우리 다 엄마가 우리 낳은 엄마 아니라는 걸 잊어먹구 살아서 그랬어요. 어 말씀하시니까 참 그러네요. 엄마 우리 안 낳았어요. 우리 낳은 엄마는 이십 년 전에 돌아가셨어요.

진숙   재우야.

연주   (상관없다) 새엄마 들어오신 거 저 대학 일 학년 때였어요. 승주 열 살 때였구요. 우리 삼남매 엄마 속 무지 썩여드렸어요. 재혼하신 지 칠 년째 되던 해 엄마 마흔네살 때 아버지두 돌아가셨어요. 남아 있는 거 빚밖에 없었어요. 아버지 돌아가셨으니까 우리 내버리구 갈 거라구 우리 악질 삼남매 더 악질루 굴었어요. 더 알구 싶으신 게 뭐예요.

진숙   가만있어.

연주   그래두 우리 엄마 / 큰 소리 한번 안 치구 속상하면 구석에 숨어서 혼자 우시면서 그렇게 우리 사람 만들었어요. 우리 엄마한테 허튼소리 하지 마세요. 그럴 자격 없어요.

진숙	재우야.
복희	뭐 뭐 자격?
연주	그래서 우리 엄마가 후처라 뭐가 어떤데요.
복희	자기가 배 아파 난 자식이 아니니까 혼수에 그렇게 인색하지.
연주	(입 딱 벌어진다) …… 뭐라구요?
복희	요새 세상에 육천이 그게 돈이라구…
연주	(O.L) 당신 사는 세상은 어떤 세상이길래 육천이 돈이 아니에요.
진숙	(등짝 때리면서) 왜 이래.
복희	당신?
연주	나 이거 울 엄마한테 첨 맞아보는 거예요. 내가 승주 결혼 망칠까봐 울 엄마 기절 직전이에요. 괜찮아 엄마. 하나두 안 아퍼.
복희	깨구두 남지 그럼. 홀어머니가 / 그것두 생모두 아니구 계모라는 걸 숨겼는데, 더구나 아픈 전처 명 재촉해 죽이구 들어앉았다는데… (남아 있다)
연주	깨. 깨구 맙시다 엄마. (노려보며)
진숙	(옆으로 껴안고 흔들면서) 왜 이래애. 이러지 마아 승주를 생각해애.
연주	천박한 머리는 천박한 생각밖에 할 줄 모르는 거야 원래가. 이건 생트집이구 혼수 때매 이러는 거 누가 몰라요? 혼수만 바리바리 욕심내는 대루 들구 가면 딴건 아무 상관없을 사람이잖아.
복희	어따 반말 찌꺼리야. 니가 교사야? 니가 선생야?
연주	네. 나 선생 맞아요. 열심히 가르쳐요. 돈은 너무 없으면 사는

게 고달프니까 착실하게 공부해서 확실한 직업 챙겨 너무 힘들게 사는 일은 없도록 해라. 돈의 가치는 그 이상두 이하두 아니라구 가르쳐요. 열심히 가르쳐요.

복희   무슨 말이 통해야 얘길 하지. (픽 일어서며) 이게 눈 뒤집구 넘어갈 일이지 / 뭐 대단하다구 되레 난리야 난리가. (서둘러 나가면서) 재수가 없을래면 뭐가 어쩐다구 / 퉤 / 퉤퉤!

연주   (불끈 일어나려 하며) 아니… (진숙은 죽자고 잡아당기고) 저 여자가?

복희   (문 부서져라 하고 아웃)

S# 27 가게 밖 거리

복희   (식닥거리면서 나오다가 발목을 접질려 픽 주저앉는다) 아악… (지나가는 사람들 쳐다보고 그중에 한 고등학교 남학생 옆에 와서 잡아 준다)

복희   (일어나려다가) 아악 아악…

S# 28 가게 안

연주   (등 뒤에서 엄마 안고 있고)

진숙   (가슴 찢어지게 울고 있다 / 한 손은 가슴에 대고) ……

아줌마   (저만큼에서 울상으로 보고 있고) …

진숙   ……

연주   ……

S# 29 아파트촌 / 밤

연주 부부 / 형주 부부 / 승주.

형주 부부 ……

연주 부부 …

승주 … (간신히) 미안해… 미안해요 형부.

상훈 돼먹잖은 인간이 너무 많아. (아무도 안 보면서) … 망가질 대
루 망가져서는… 어떻게 될려구 이러는지 몰라. 에이… 그래두
당신이 참지… (나직이 / 분위기상)

연주 현장에 있었으면 당신두 못 참았어. (나직이 / 중얼중얼 느낌
의 변명) … 오죽했으면 내가 엄마랑 우리 역사 주욱 엮였겠어.
그런데두 막무가낸데 어떻게 참어. (형주 쪽 보며)

형주 부부 … (형주는 묵묵히 / 수경은 남편에게 고개)

연주 (승주 보며) 너 참을 수 있어? 엄마를 우리 엄말 죽이구 들어왔
다는 거야… 우리 아무리 똘똘 뭉쳐 엄마 골탕 먹일 때두 그렇
게는 생각 안 했었잖아. 우리 엄마 빈자리에 딴 사람 들어온 게
분하구 아버지 미워서 그런 거지 딴 상상은 안 했었잖아.

승주 (눈물 뚝뚝 띨어드리며) 참을 수 없어. 안 참기 잘했어. (하고
일어나 안방으로)

S# 30 안방

승주 (들어와보면)

진숙 (재우 어깨 싸안고 고개 숙이고 하염없이 눈물 흘리는 중인데)

재우 (울상으로 휴지 뽑아서 할머니한테 주는 중이다 / 방바닥에는

뭉쳐진 휴지가 예닐곱 개나 있고)

승주   (입 꽉 다물고 엄마한테 가 퍽 앉고 옆으로 안으며) 미안해, 엄마아… 엄마아아 잉잉잉. (울음이 터진다)

진숙   (한 손으로 머리 쓸면서) 아니야… 아냐. 내가 미안해… 부자 엄마 아니라 우리 승주 마음 아프게 만들어 내가… 너무 많이 미안해.

승주   (소리 내어 우는)

S# 31 달리는 택시 안

승주   (뒷좌석에서 차창에 옆머리 대고 거의 대성통곡 수준으로 울고 있다)

기사   (운전하면서 자꾸만 신경이 쓰이는) …

S# 32 정일의 집 골목으로 오고 있는 택시

S# 33 정일의 집 대문 앞

택시 와서 멈춘다. 한의사가 타고 온 소형 승용차가 한 대 서 있고.

정일   (기다리고 있다가 택시 앞으로 / 문 연다)

승주   … (거의 수습이 된 상태 / 내리면서) 아저씨 부탁드려요.

기사   예, 그럽시다. (하고 자동차 조금 떨어진 위치로 가져간다)

정일   (어리둥절한 채 택시 보고 승주 보고) … 무슨 일이야.

승주   (안 보며 입 꾹 다물었다 풀며 안 보는 채 / 침착하려 애쓰지만

속은 떨리고 있는) 우리 결혼 못하겠다, 정일아. (하며 본다)

정일   … 무슨 일인데… 왜 그러는 건데.

승주   (보며) 니네 엄마가 낮에 엄마 가게에 왔었대. 미안해, 오셨었대 그래야 맞는 거지만 나 그러구 싶지 않어.

정일   뭣 때매.

승주   물론 혼수 때매.

정일   (정말 미치겠다)

승주   그런데… 그건 그거구 / 우리 엄마 후처라는 거 속였다구 몰아 세우면서… 있지 엄마를 환자 눕혀놓구 우리 아버지 꼬신 사람 으루 매도하면서? … 왜 혼수가 그 모양인가 했더니 계모라 그랬다구…

정일   그만해.

승주   엉 그만하께. 너두 괴로울 거야. 알어… 그런데 우리 엄마한테 그러면 안 되는 거거든? 우리 삼남매 돌아. 어떤 누구두 우리 엄마 그런 취급 하는 거 용서 안 해…

정일   승주야.

승주   (O.L) 너는 암말 말구 그냥 니만 말하게 해줘… 나 너두 가여워… 안됐구 딱해. 얼마나 싫겠니 니 상황이… 그래두 결혼 안 할래. 우리 엄마 무시하는 니 엄마 며느리 안 될래.

정일   (무슨 말인가 하려구 하는데)

승주   (연결) 무슨 일이 있어두 참는다구 약속했는데 이런 일은 무슨 일에 안 들어 있었어… 미안해 이해해. (하고 택시 쪽으로 움직이려)

정일   (잡으려) 승주야.

승주   (손 올려 잡지 말라는 시늉을 하고) 들어가… (택시 쪽으로 따
      박따박 걸어가는) ……

정일   ……
      택시가 후진으로 승주의 걸음을 줄여준다.

S# 34 정일 시각으로 승주 타고 택시 떠나가는

정일   …… (보면서) …… (돌아서 들어간다)

S# 35 대문 안

정일   (들어와 뒤로 대문 닫고 서서) … (한참 동안 그대로 있다가 걸
      음 옮기기 시작) … (느리지도 빠르지도 않은 속도 / 마당 중간
      쯤에서)

S# 36 거실

복희   (긴 소파에 누워 발목을 중심으로 꽂아놓은 침들을 한의사가
      빼고 있는 중이다 / 진짜 한의사 부르세요) 아으 (뺄 때마다)
      아으으으으으…

정아   뺄 때두 아퍼?

나사장 엄살이지 뺄 때 왜 아퍼. 누군 침 안 맞아봤나아.

복희   으으으으 저눔으 밉쌀맞은 영감탱이.

나사장 훨씬 낫지 않어? 발목 접질른 데는 침이 직빵인데. 엉?

복희   아 아는 척하지 마. 냄새 나.

나사장	허허허허허허.
한의사	뜨거운 수건으루 찜질 좀 해드리구 당분간 무리하지 마시구 쉬세요. (챙기면서) 내일 이 시간에 제가 또 오죠. (찜질 얘기 떨어지자 아줌마는 주방으로 아웃)
나사장	여러가지루 폐가 많으네요. 허허허.
한의사	저 갑니다.
복희	어떻게 한 방에 안 낫구 내일 또 와요?
한의사	좀 걸리겠습니다아… 하하. (하고 나서는)
나사장	(따르면서 현관께에 들어서 있는 정일에게) 배웅해드려. 멀리 안 나갑니다.
한의사	예에. 괜찮아요.
정일	형수님이 좀 나가세요.
혜수	? (잠깐 보고 대꾸 없이 한의사 따라 나간다)
정균	(뭔가 딴짓하고 있다가) 야, 니가 나가지 왜 니 형수야.
복희	(일어나면서) 아줌마 뭐 해. 아줌마가 나가면 되잖아.
나사장	어허, 그건 인사가 아니지이.
복희	아이고 / 아이고 죽겠다… 아줌마아 /
여자	(E) 예에, 찜질 수건 만들어요오오.
복희	아 좀 나와봐아.
여자	(뛰어나온다)
복희	북엇국 좀 끓여. 침 맞으면 북엇국 먹구 땀내더라.
여자	네 사모님. (아웃되고)
복희	(다리 내려다보며) 재수가 없을려니까 어으 신경질 나.

정아	좀 봤다 엄마.
복희	걔는 왜. (정일 보며) 왔으면 들어오지 왜 불러내 건방지게.
정일	저 결혼 못합니다 아버지.
나사장	? … 에에?
정균	뭐?
나사장	이게 무슨 소리야. 왜애.
정일	승주가 엄마 며느리 안 되구 싶대요.
복희	? … (아들 보다가) 얘 잘됐다 나두 걔 며느리 취미 없다.
정균	아니 왜애.
정일	우리 집 너무 형편없어서요.
정균	? … 이게 무슨 개떡 같은 소리야. 우리 집이 뭐가 /
정일	개떡은 우리 집이에요. (나직이) 개떡두 썩어서 코를 못 드는 개떡요.
나사장	얀마, 이 자식아!
정일	(O.L의 기분) 저는 부끄러워서요 얼굴 들구 하늘을 못 보겠어요… 돈은 눈이 멀었어요… 개떡인 우리 집에두 돈이 굴러들어오는 걸 보면요. (눈물 그렁해지면서)
복희	그래 해. 어디 해볼 만큼 해봐 이 자식아. (탁자에 있는 아무거나 집어던지면서)
나사장	(아내 말리면서) 니 엄마 아퍼 이 자식아. 너 술 먹었니? 술 취했으면…
정아	술은 무슨 술을 먹어어.
나사장	(연결) 올라가 꺼져… 빨리 올라가 이눔아.

정일   네… 만수무강하세요. (쓰게 비틀어 웃는 듯하며) 올라갑니
       다… (하고 이층으로 천천히) …
       아무도 아무 말 못하고 그냥 보는.

S# 37 정일의 방

정일   (느리게 들어와 방문 닫아 잠그고 연결처럼 침대로 움직여 스
       러지듯 벌렁 네 활개 펴고 눕는) …… (천장 보며… 탈색된 듯
       한 얼굴 / 무표정?)

S# 38 거실

복희   (한 짓이 있으니까 언성은 높이지 말고 설명하듯) 아 한복집에
       갔다가 며느리감이 누구냐길래 솔직히 얘기했지. 한복집 딸이
       다. 같은 한복집이니까 환히 꿰구 있더라구. 그런데 기절초풍
       할 애길 하잖아.

정아   뭔데? (다 앉아 있다)

복희   후처라잖아 후처.

정균   누기요?

복희   내가 후처냐?

혜수   (조금 떨어진 곳에서 빨래 개키고 있는 / 그 위에)

복희   (E) 승준지 염준지 엄마가 후처란 말야. (혜수 그대로)

정균   아아.

나사장 그래애? (동시에)

복희   아, 알건 확실히 알아야 하잖아. (변명하듯 약간은 어리광 / 동

조 구하듯) 혼사라는 게 양쪽 집안이 인연을 맺는 건데 감쪽같이 속이구 우릴 뭘루 보는 거야. 넘어갈 때 넘어가더라두 확실히 할 건 확실히 해야잖어.

정균 건 그렇지요.

복희 하이구우 봉변은 누가 당했는데 저 자식은 / 혼사를 깨면 우리가 깼지 즈들이 뭐 할 말 있어 하난 말이야 주제두 모르구.

정아 진짜 후처래?

복희 아 그렇대애. 실토하더라.

나사장 그런데 봉변은 왜 당했어.

복희 아이고오 학교 선생 한다는 큰딸이 머리악을 쓰구 덤벼드는데 무섭더라아? 나 아무 말두 한 거 없거든. 후처라는 소리가 있는데 사실이냐 / 어떻게 우리 집만 모르구 있냐. 나 딱 두 마디밖에 안했어 여보. 아 그런데 그년이 거품 물구 길길이 뛰는데 내가 왜 다쳤는데 / 너어머 악을 써대는 바람에 혼이 나가서 고꾸라진 거라니까?

정아 엄마가 두 마디만 했을 리가 없지이이. 안 그래 오빠?

정균 (정아에게 눈 찡긋하는 위에)

복희 (E) 이게 이게. 니 엄마 언제 거짓말하는 거 봤어? (에서)

S# 39 정일의 방

정일 (옆으로 꼬부리고 누워서) … (눈은 뜬 채)

S# 40 침실

복희 (불편한 다리 남편이 거들어주고 / 침대에 두 다리 올려지며 / 화면 시작과 동시에) 아이그 쓸데없는 걱정 마. 안 하기는 왜 안 해. 봉을 잡아두 보통 봉을 잡았어야 안 하지. 새끼까지 밴 봉을 잡았는데 안 해? (비쭉거리면서) 원 그걸 가게라구. 쯔쯔 쯔쯔.

나사장 그럴 일만은 아냐. 없는 사람들일수록 자존심이 세거든…

복희 아으아으 세봤자야… (가운 벗는) 쥐뿔두 없는 것들이 오기 부려봤자야. 두구보라구.

나사장 (거들면서) 그러지 말구 내일이라두 당신이 사부인 만나서 사과해.

복희 ? 뭘 사과해. 사괄 받아야지 내가 왜 사과해.

나사장 아 저집에서 안 한다구 나올 때는 당신이 뭔가 건드렸기 때문에 / 안 봐두 뻔하지 뭐어. 건드렸을 거 아냐.

복희 아니라니까아? 나는 그냥 확인만 했다니까? 우릴 속인 건데 확인두 못해?

나사장 글쎄, 그 얘길 안 한 건 문제가 있기는 한데, 저 자식 꼴통 부리면 어떡할 거야. 결혼 안 되면 꼴통이 보통 꼴통으루 안 끝날걸? 그게 걱정이지 딴게 걱정이 아니라.

복희 아 꼴통 몇 년 보지 뭐 대수야?

나사장 … (보며) …

S# 41 승주의 거실

승주   (들어온다)

형주   (상훈과 함께 소주 마시고 있다가 돌아보고 상훈 잔에 따른다)

승주   …… (올라와 오빠 뒤에 서서) 미안해 오빠… 안 한다 그러구 왔어.

형주   (일어서며) 들어가봐. 편찮으셔.

승주   ?

형주   위경련 나서 난리두 아니었다…

승주   (벌써 울컥하며 안방으로)

S# 42 안방

승주   (들어온다)

수경   (엄마 다리 주무르고 있다가) 오셨네요.

연주   (핫팩 수건에 싸면서) 승주 왔어 엄마. (재우는 엄마 옆에서 자고 있고)

진숙   이리 와봐.

승주   (엄마 옆으로 가 붙어 앉으며) 병원에 안 가? (엄마 손 잡는다)

수경   갔다 오셨어요. 아가씨.

진숙   (눈 겨우 뜨듯 하고) 어디 갔었어.

승주   정일이 만나러.

진숙   (눈 감으며) 그럴 줄 알았어.

승주   안 한다구 했어 엄마.

진숙   … 뭐래.

승주 말 못하게 했어… 걔 말 필요 없잖어.

진숙 (눈 뜨고 보며) 막내야…

승주 … 엉.

진숙 나는… 괜찮어… 정일이 좋아하잖어.

연주 엄마.

진숙 그렇게나 좋아하는 사람 놓치구… 어떡할려구 그래… 그만큼 좋은 사람 또 만날 수 있을 거 같어?

연주 시간이 해결하구 좋은 사람 얼마든지 많아요.

진숙 좋은 사람 많어두… 정일이는 아니지… 그렇게 쉽게 사람 버리는 거 아니야.

연주 그만둬 엄마. 쫑내자구.

진숙 죽어 헤지는 건 어쩔 수 없지만… 두 사람 평생… 마음 한구석이 쓰을쓸하면서… 그렇게 살지 마… 정일이 좋은 애야… 이렇게 버리기는 너무 아까워.

승주 정일이는 좋은데 엄마 정일이가 달구 있는 혹이 너무 더러워.

진숙 그래두 그러지 마… 니들 갈라놓구 내 맘이 어떨 거 같어.

승주 엄마가 그린 거 아냐… 걔 엄마가 그런 거야.

진숙 (눈 감으며) 다시 생각해… 그러면 못써… 정일이가 가엾지두 않어?

승주 … (보며)

S# 43 거실

엄마와 승주만 빼고 다 같이 앉아서 소주판.

연주	어떻게 생각하니.
형주	말 안 돼.
연주	말 안 돼.
형주	차라리 쓰레기하치장이 나아.
연주	정화조가 낫다.
수경	아가씨가 못 견딜 거예요.
상훈	학교 안 가? 왜 그렇게 들이부어.
연주	석 잔짼데 왜 그래애.

S# 44 안방

승주	(엄마 옆자리 앉아서 엄마 내려다보며) …… (눈 감은 엄마 손 잡아 제 손가락을 마주 낀다 / 가만히) ……
진숙	(가만히 승주 당겨 안는다)
승주	(안겨지면서 작게) 엄마.
진숙	… (눈뜨면서 눈물이 지이이이이)
	(F.O)

S# 45 아파트 전경 / 새벽

S# 46 승주의 안방

정일	(무릎 꿇고 고개 꺾고 앉아서) 죄송하다는 말밖에… 더 이상… 다른 말을 찾을 수가 없어요 어머님.
진숙	… (측은하게 보며) …

정일	제가… 승주를 탐낼… 자격이 없다는 거… 알고 있었어요. 그래두… 욕심이 앞서서… 어머님께 평생 사죄해두 모자랄… 상처를 드렸습니다…
진숙	됐어.
정일	잘못했습니다… 제 잘못이에요, 어머님.
진숙	다리 아퍼… 편히 앉어.
정일	잘못했어요 형님. (형주에게) 죄송해요… 제가 못나서 이렇게 됐어요. 즈이 엄마한테 약속을 받았었는데…
형주	막무가내신 모양이더라.
정일	… 네…
형주	그래 (끄덕이며) 니가 이렇게 안 오구 끝나는 거보다는 한결 낫다. 우리두 니 집하구 너는 별개루 생각하구 싶다. 승주한테 할 얘기 있으면 하구 가구 / 저 출근합니다 어머니. (일어나며)
진숙	어 그래… (일어나려)
승주	(잡으며) 그냥 있어. (나무라듯)
형주	(나간다) …
진숙	(다시 일어나려 하며) 오빠 아침 멕여야지.
승주	(잡아 앉히며) 언니 있잖어어어.
진숙	(원망스레 보는데)
승주	제발 이제 그러구 좀 살지 말어. 자기 일 다 자기가 알어서 하구 살게 모르는 척 좀 해. 기운 빼지 말구우.
진숙	(승주 머리 끌어 올려주면서) 정일이 데리구 나가 아침 먹여 응?
승주	… (잠시 보다가 달래듯) 그럴 필요 없어 엄마.

진숙	쯧.
승주	(일어나며) 일어나. (부드럽게)
정일	… (방바닥 보며)
승주	잡아줘? 안 일어나질 거 같아? (에서)

S# 47 고수부지쯤

정일의 지프 세워져 있고.

승주	…… (물 쪽 보면서 있다가) 와줘서 고마워. (돌아본다)
정일	(승주 보고 있는 채) …
승주	우리 식구들한테 챙피스러운 거… 그래두 니가 와서 빌어준 걸루 조금은 덜어졌어. 안 그랬음 너두 똑같이 형편없는 아이 됐을 거구, 그럼 나두 한심한 기집애 되는 거잖아.
정일	(고개 강으로 돌아가며) …
승주	(보며) 우리 엄마 위경련 났었어… 한때는 엄말 위선자라구… 착한 척 병에 걸린 환자라구 생각한 적두 있었는데… 지은 죄가 너무 커서… 나 혼자 가슴 찢어질 때 많아. 엄마 죽으면 미쳐서… 속치마 바람으루 돌아다닐 거 같기두 하구…
정일	니 형제들은 복 많은 사람들이야… (강 보며)
승주	(돌아본다)
정일	늘 부러웠어.
승주	(끄덕이며) … 그래서 누가 엄마 털끝 하나만 건드려두 우리 다 돌 준비 돼 있어.
정일	(승주 쪽으로 돌아서며 안 보는 채) 우리 이렇게 하자…

승주	(보는) …
정일	우리 집하구 상관없이 결혼해 살자… (보며) 원룸이나 그런 거 하나 얻어서 시작하자구. 원룸 보증금 정도는 내가 만들어볼게. 지금은 가진 거 아무거두 없지만 너 하나 책임질 자신은 있어.
승주	(서글피 웃으며) 원룸 보증금 정도는 니가 나 준 돈으루두 될걸? 그거 돌려줘야지 참.
정일	(O.L) 승주야.
승주	(O.L) 무슨 얘긴지 알어들었는데, 너 그럼 니 집하구는 어떻게 되는데.
정일	끊으면 돼. 완전히 끊을 거야.
승주	너는 끊어두 니 집 식구들은 안 끊을걸? 우리 원룸에 살림 차리구 사는데 니 엄마 가만 구경만 하실까?
정일	… (보며)
승주	나는 금쪽같은 아들 꼬드겨 빼돌린 여우 같은 기집애 되구?
정일	(보며) …
승주	거기까지는 생각 안 했어? 머리가 나쁘구나. 나는 금방 이 자리에서 파파파팍 생각나는데.
정일	그건…
승주	죄 없는 우리 엄마두 잡는데, 죄 있는 나는 얼마나 신나서 잡겠어. 그거 고스란히 당하면서 살라구?
정일	해봐야 얼마나 하겠어. 그러다 포기할 거야.
승주	우리 엄마 멱살잡이는 안 한다는 보장 있어? 엄마한테 그거까지 당하게 만들어?

정일	비약하지 마.
승주	비약 아냐. 너 아버지 모시러 골프장 간 날 나 어땠는지 알어? 불려가서 혼수 리스트 받아 들구 나가서 한 바퀴 돌았는데 (감정 차오르면서) 기절해 안 넘어간 게 다행야. 그래두 너랑 결혼하구 싶었어. 니가 왜 결혼 소릴 못했는가두 알았구 너를 더 많이 좋아해야겠다는 생각두 했었어.
정일	(당겨서 안으며 눈 감는다) 그럼 우리 둘이 행방불명되자.
승주	… (눈 감고 한참 동안) …… (있다가 눈 뜨면서 떨어진다) 돈 통장으루 넣어주께. 우리는 그만하자.
정일	(떼고 보면서) … 정말… 안 되겠니?
승주	(울음 터뜨리며) 피차 괴롭잖어… 그만해. 부탁하자.
정일	……
승주	니 엄마 돌아가시라구 굿을 할 수두 없잖아.
정일	(눈 질끈 감으며 딴 쪽으로 돌아서는) ……
승주	굿하까 우리? …
정일	……

S# 48 은행 주차장으로 들어오는 정일의 차 / 아침 출근시간

정일	(먼저 내려서 벌써 내리고 있는 승주 잡아준다) …
승주	… (정일의 가슴께 보며) 잘 가…
정일	… (보며)
승주	(가만히 떨리는 손 들어 한 손바닥 정일의 가슴에 붙이고) … (안 보는 채) 니 심장 소리 듣는 거… 좋았어.

정일   …

승주   나 잘 살게… (하고 돌아서 은행으로)

정일   … (보면서)

S# 49 탈의실

옷 갈아입다가 울음 나오는 입 막으며 열려 있는 장 문짝 안으로 상체 집어넣는.

승주   ……

S# 50 운전하고 있는 정일

S# 51 정일의 거실

정일   (들어온다)

나사장   (신문 보다가 보는) …

정일   (계단 쪽으로) …

나사장   언제 나갔었냐.

전일   (대꾸 없이 올라간다) …

나사장   청첩장 오늘 나온다구 했냐?

정일   (그냥 올라간다)

나사장   아줌마아… 정일이 들어왔어요. 상 봐요.

여자   (E) 네에에.

나사장   (신문 뒤집는데)

복희   (절뚝거리며 나온다) 어으 답답해 어으 답답해.

나사장	정일이 들어왔어.
복희	(소파로) 그깐 놈 들어오거나 말거나.
나사장	결혼할 모양야. 청첩장 소리 해두 아무 소리 없는데?
복희	내가 뭐랬어. <u>쯔쯔쯔쯔</u>.

S# 52 가구점

승주와 정일이 갔던 집.

승주	아니에요, 사장님. 다른 가구루 바꾸는 게 아니라… 결혼을 못 하게 됐어요.
사장	(찜찜한 얼굴로) 계약금 환불해달라면서 핑계를 그렇게 대는 사람두 있더라구요.
승주	(쓸쓸하게) 저는 핑계가 아닌데요 사장님…

S# 53 할인매장 전자제품 코너

승주	저기 사장님을 좀 뵙구 싶은데요.

S# 54 복희의 침실

복희	(벌컥 덮은 거 젖히면서) 아 왜 깨워. 무슨 난리났어? 왜 깨우냐구우.
여자	정일이가 집을 나간 거 같아요 사모님.
복희	? … 뭐뭐뭐야?
여자	세탁할 거 달라러 올라갔는데 빈 옷걸이가 침대에 그냥 예닐곱 개 나와 있구 아무래두 이상해요오.

복희   (아줌마 밀치듯 하며 절면서 나간다)

S# 55 거실

복희   (나와서 이층으로 / 심하게 절면서 / 계단은 거의 네발이다시
피 / 후들후들 떨리는 상태)

S# 56 정일의 방

복희   (들어와 보면) …
충분히 이상해 보일 만큼 흐트러져 있는.

복희   …… (황당해서 헐떡거리며 뚤벙뚤벙 서 있다가) 회 회장님한테
전화해. 빨리 정균이 오라 그러구 정아두 들어오라 그래 빨리.

여자   예 예에에. (하며 아웃되고)

복희   …… (숨만 헐떡거리고 서 있다가 후닥닥 전화로 가서 다이얼
돌린다)
(F) 전화벨 한 번에.

여직원 네네 인창실업입니다.

복희   나사장 바꿔.

여직원 (괜히 기죽어서) 저기 지금 댁에 계신데요. 오늘 좀 늦으신다
구…

복희   (픽 끊으며) 시간이 얼만데 아직두야! (하고 다시 다이얼 찍으
며) 말어먹어라 말어먹어.
(F) 벨 가는 소리. 다섯 번쯤.

정균   (F) (짜증 섞인) 제가 이따 전화하게 끊으세요.

복희	이눔아 무슨 전활 그 따위루 받어.
정균	(F) 아 이 사람 이혼하재요 지금.
복희	? … 뭐라구?

S# 57 정균의 아파트 거실

정균	시집올 때 혼수비용 든 거하구 정신적인 피해 보상 합쳐 위자료 이십억 내래요. 안 그럼 소송 들어간대요.
복희	(F) 너 뭐 잘못했는데 위자료 내래. 살기 싫으면 살기 싫은 년이 위자료 내는 거지. 별꼴 다 보겠네. 그년 좀 바꿔봐.
정균	아주 지독한 여자예요. 살기 싫어진 지 오랜데 혼수 해온 돈 아까워 그거 빼갈려구 여태 있었대요 엄마.
상식	(F) 바꿔, 바꿔봐 빨리.
정균	바꿔서 뭐 해요. 제가 해결할 테니까
혜수	(전화 채뜰어서) 이 사람 룸살롱 여자하구 딴살림 차리구 드나드는 증거 잡았어요. 필요하면 보여드릴 수 있어요.

S# 58 정일의 방

복희	(위에)
혜수	(F) 지금 갖구 올라갈까요?
복희	(O.L) 야! 그딴 건 봐서 뭐 해. 남자가 그럴 수두 있는 일이지. 위자료 좋아한다. 너 이 집에 들어와 한 게 뭐 있다구 이혼야. 나가구 싶으면 알몸으루 나가. 위자료 줄 돈 없어.
혜수	(F) 그렇게 나오실 줄 알았어요. 그럼 별수 없이 소송으루 가는

길 밖에…

복희 (O.L) 소송을 하든 뭘 하든 내 알 바 아니구 정균이 빨리 올라
오라 그래! (퍽 끊고 다음 말은 중얼거리듯) 올라오라 그래. 이
빌어먹을 년아… 빌어먹을 빌어먹을…

S# 59 은행
승주 (전화기 들고) ? … 모르는데요… 연락 없었어요… 정말이에요.

S# 60 복희의 거실
정아 (전화 끊으며) 연락 없었대.

복희 (열나서) 앙큼한 거. 누가 빼돌렸어 그럼.

정아 거짓말 같지는 않아 엄마.

복희 빼돌리구 빼돌렸대?

나사장 금방 들통날 텐데 빼돌려? 말이 되는 소릴 해.

정균 아 정일이가 애예요?

복희 너는 애라 살림 차렸다 들통 나냐 이 빙충아?

정균 무슨 매력이 있어야지요오.

나사장 쯔쯔쯔쯔쯔쯔… (큰아들 흘기며)

S# 61 정원 / 밤

S# 62 거실
복희 부부 뿌우하니 앉아 있다. 꽤 한참 동안.

(E) 전화벨.

나사장 (펄쩍 놀라서 전화 받는) 여보세요.

정일 (F) 저예요 아버지.

나사장 (벌떡 일어나며) 너 어디야… 어딨는 거야 이눔아.

복희 ? … (전화기로 손 널름널름)

나사장 정일아… 야 이눔아, 너 애비 생각을 해서라두…

정일 (F) (O.L) 엄마 좀 바꿔주세요.

나사장 ? … 어 그래그래… (하고 귀에서 송수화기 내리면)

복희 (벌써 가로채 간다) 너 어디야. 어디야 빨리 말해.

정일 (F) (O.L의 기분) 승주네 괴롭히지 마세요. 저 혼자 움직인 거예요.

복희 (O.L) 정일아 정일아?

정일 (F) 제 얘기 들으세요. … (복희 잠깐 기다려주는) 평생 찾아두… 안 찾아지는 데루 숨을 테니까요 찾을 생각 마세요.

복희 너 이 자식, 어쨌거나 간에 일단…

정일 (F) (O.L) 저요… 엄마 아들루 살기… 너무… 힘들었어요. 해방될 거예요…

복희 (O.L) 엄마가 뭘 어쨌는데에… 내가 뭘 어쨌는데에에에…

정일 (F) 엄마… 형편없어요. (하고 툭 끊는다)

복희 정일아… 얘 정일아. 정일아아아아…

S# 63 대포항 어느 횟집 안

정일 (끊은 전화기 내려다보면서) …… (한동안 그대로 있다가 무겁게 일어나며) 여기 얼마죠?

여자 **원이유.

정일 (돈 치르고 나간다 / 운동선수 빽 같은 긴 가방 늘여 들고)

S# 64 횟집 밖

정일 (나와서 옆 쓰레기통에 핸드폰 던져넣고 걷기 시작한다)

S# 65 횟집이 즐비한 거리 풍경에 천천히 멀어져가는 정일

끝

김수현 특집극 1권

어디로 가나
혼수 婚需

지은이 김수현
펴낸이 황인원

초판 1쇄 인쇄 2012년 2월 3일
초판 1쇄 발행 2012년 2월 10일

펴낸곳 다차원북스
주소 (우)121-897 서울시 마포구 독막로 10(합정동 373-4) 성지빌딩 510호
대표전화 (02)333-0471
팩시밀리 (02)334-0471
이메일 dachawon@daum.net
신고번호 제313-2011-248호
디자인 파피루스(02-322-1286)

ISBN 978-89-967221-6-8 14680

값 · 15,000원

이 도서의 국립중앙도서관 출판시도서목록(CIP)은
e-CIP 홈페이지(http://www.nl.go.kr/ecip)와
국가자료공동목록시스템(http://www.nl.go.kr/kolisnet)에서
이용하실 수 있습니다. (CIP제어번호: CIP2012000300)